旅游书架

免费

零元游

澳大利亚

不用门票也能游遍澳大利亚

少花钱 × 多体验 × 不走寻常路

AUSTRALIA

《亲历者》编辑部 编著

中国铁道出版社

CHINA RAILWAY PUBLISHING HOUSE

图书在版编目（CIP）数据

零元游澳大利亚／《亲历者》编辑部编著 . -- 北京：
中国铁道出版社，2017.1
（零元游世界）
ISBN 978-7-113-17806-2

Ⅰ . ①零… Ⅱ . ①亲… Ⅲ . ①旅游指南－澳大利亚
Ⅳ . ① K961.19

中国版本图书馆 CIP 数据核字（2016）第 241137 号

书　　名：零元游澳大利亚
作　　者：《亲历者》编辑部　编著

策划编辑：聂浩智
责任编辑：孟智纯
编辑助理：杨　旭
版式设计：戴立志
责任印制：赵星辰

出版发行：中国铁道出版社（北京市西城区右安门西街 8 号　邮码：100054）
印　　刷：北京铭成印刷有限公司
版　　次：2017 年 1 月第 1 版　2017 年 1 月第 1 次印刷
开　　本：880mm×1230mm　1/32　印张：8　字数：320 千
书　　号：ISBN 978-7-113-17806-2
定　　价：39.80 元

前言

　　风景秀丽的澳大利亚一直是热门的旅游地，美丽的悉尼、繁华的墨尔本、浪漫的布里斯班，都能给你带来难以忘怀的印象。但热门的同时可能也意味着人山人海、拥挤杂乱以及昂贵的景点门票。有时候置身人群当中，会不由地想到，我为何要花如此多的钱来看这人山人海？为何不能去那美丽静谧的青山、碧海，自然和谐的松林、花田，文化深厚的遗迹、大学当中？

　　《零元游澳大利亚》正是基于此出发，帮你一起去追寻避开喧嚣、感受自然的"零元游"。本书搜罗了澳大利亚免费景点之中颇具特色、风格鲜明，或意义深重，或自然静谧的部分，让你不买门票也可以享受最佳的旅游体验。

　　"零元游"的好处在哪里？最明显的一点是不需要购买门票，这样我们就可以把有限的旅游资金更多投入到自己喜欢的部分，比如去听一场盛大的演唱会，或是购买自己最喜欢的服饰、礼物等；相较于收费的景点，其实许多免费景点更有特色和风格，比如岩石区、维多利亚艺术中心等，其自然风光、历史传承、人文情怀各方面都很丰富。

在澳大利亚的"零元游"，你可以去热闹的岩石区，体验原汁原味的澳大利亚风情；也可以去美丽的大堡礁，欣赏壮丽的自然风光；可以去浪漫的黄金海岸，感受海岸别样的风情；也可以驾车行驶在大洋路上，在清爽的海风中度过悠然时光；可以去澳大利亚国立美术馆，欣赏艺术大师们的佳作；也可以到库兰达，与考拉、袋鼠等澳大利亚最具代表性的动物来一场美妙的"约会"。

本书后篇还详细介绍了旅行前的计划、准备，以及旅行结束回国的实用攻略；正文则是以悉尼、堪培拉、墨尔本、布里斯班、凯恩斯、珀斯、阿德莱德、达尔文等城市为目的地，详细介绍了每个地方的免费景点和资讯，并充分考虑到吃、住、行、购等细节。如果你打算与大自然来一场亲密的接触，感受最纯正的澳大利亚自然风光，带上这本书，可以让你的旅程更加轻松。

小孩赏澳大利亚国花"蓝花楹"

零元游·澳大利亚

✕ 目录 ✕✕✕✕✕✕✕✕✕✕

Part 2
·堪培拉·

Part 3

·墨尔本·

Part 4

·布里斯班·

Part 5

·凯恩斯·

Part 6

·珀斯·

Part 7 · 阿德莱德 ·

Part 8 ·达尔文·

Part 9

·澳大利亚其他景点·

Part 10

·澳大利亚旅行信息·

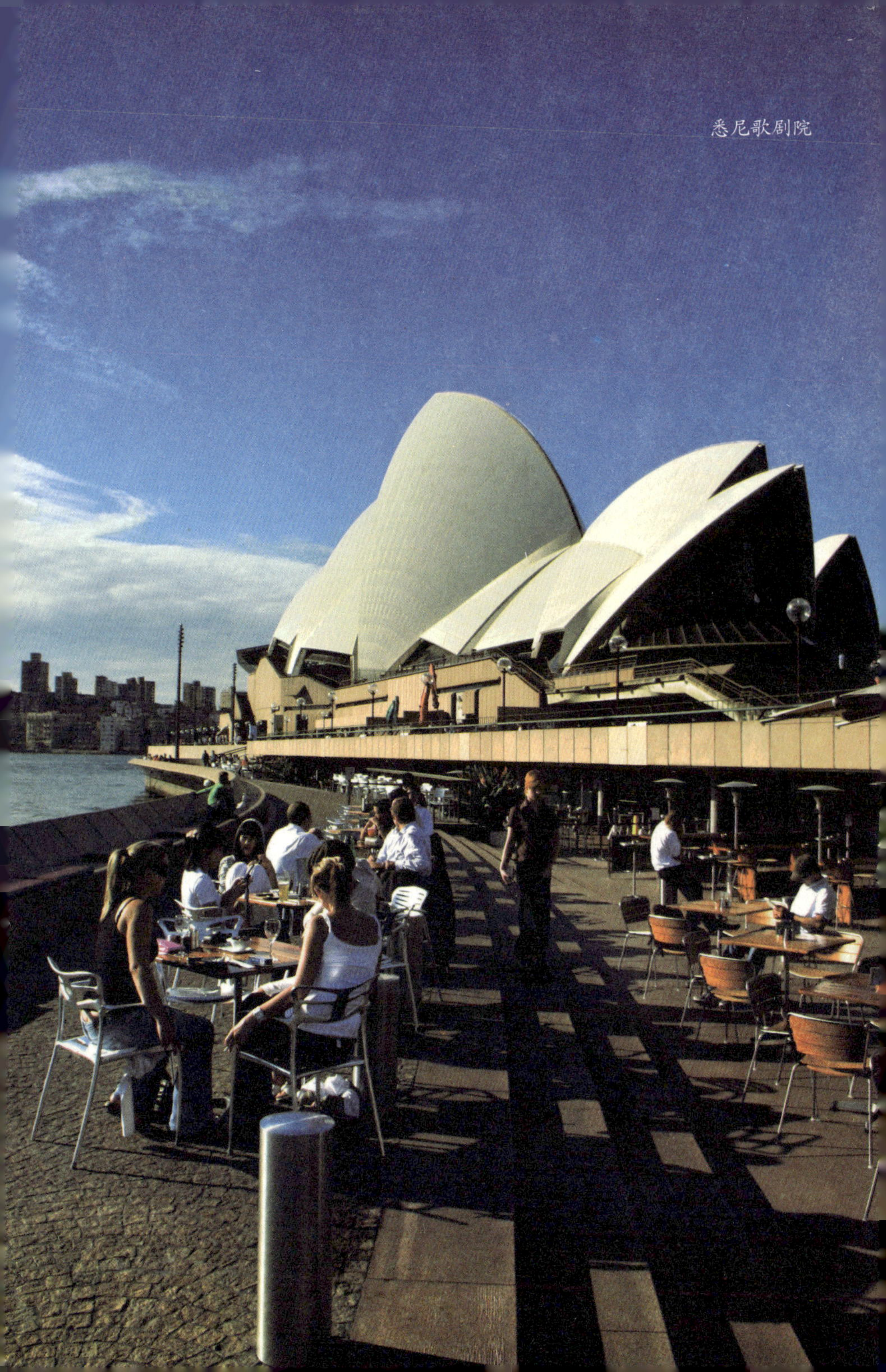
悉尼歌剧院

不用门票也能High

·不要门票的地方到底有多好· TICKET

■ 有景点与无景点 ■

我们所认知的大多景点：人多而杂，门票贵，随大流，体验性差。其实旅游本不该这样，旅游是一种享受，是一种见识，而不是出去一趟花点钱那么回事。少花钱、多体验、多学习才是旅游的最佳状态。

景点是旅游目的地标志性景观的核心，它分为收费和免费两种，这里所要介绍的不要门票的地方即免费景点，也就是"有景点"。免费景点的最大优点就是不用花钱，其次人少不拥挤，并且贴近当地人的生活、科技、文学等，让你真正长见识、扩眼界。比如澳大利亚颇具代表性的奇景大堡礁（凯恩斯），浪漫、美丽，是世界七大自然景观之一；去悉尼大学（悉尼），在美丽的校园中感受浓郁的学院气氛，奇特的哈利·波特楼也一定能让你赞叹不已；驾车行驶在大洋路上，欣赏绝美的海岸风光，使原本无趣的行程变得多姿多彩。类似这种极具体验感的免费景点，遍布在澳大利亚的大小地区，只是很少受到国人的广泛关注。

而所谓的"无景点"，即隐藏在山谷、峡湾、原野、海岸边，或者闹市中的某个村落、度假地、小巷甚至溪流等，它们算不上景点，却是一处极其美丽、惬意、多彩的地方，你可以独自免费享受那里的一切，走进当地人的日常。

■ 既是穷游，也是奢华游

　　为何说不用门票既是穷游，也是奢华游？不用门票顾名思义可以省下很多门票钱，而且因为偏冷门的缘故，游览景点所附加的吃饭、住宿、体验等费用都会随之降低。而所谓奢华游，指得不仅是体验与见识方面的"奢华性"，更在于这些地方会带给你特有的私人空间，就好比你独自拥有一个度假村、一片草场、一片海滩等。

　　既是穷游，也是奢华游，说的是一种意境，玩的是一种技巧，多贴近当地人的生活圈，走不寻常的路，你就会发现："穷"的时候才是最开心、最奢侈的。

越是免费的景点越自然 ■

　　澳大利亚是一个以自然而闻名于世的国家，人与动物之间和谐相处，并且拥有许多最自然的美丽景观。在澳大利亚，绝大部分的自然景点是免费开放的，例如大堡礁、大洋之路、库兰达等，自然风光、人文景点均有涉及。另外，独特的环境和地理位置使其诞生了独具特色的生态系统，可爱的考拉、美丽的鹦鹉、迅捷的袋鼠、凶猛的鳄鱼，都是澳大利亚代表性的动物，而这些都是可以不花钱便能够欣赏到的。相较于游乐场、热门景点等需要门票的地方，这些免费的景点反而能让你更加贴近自然，真切地感受澳大利亚最独特的魅力。

　　另外，澳大利亚还有许多免费的博物馆，如位于墨尔本的维多利亚艺术中心、位于堪培拉的澳大利亚国立博物馆和位于悉尼的新南威尔士州美术馆等，游览博物馆不仅能欣赏到澳大利亚的艺术精华，了解澳大利亚的历史、文化等，各种各样的展览体验活动也会给你带来许多旅行乐趣，既增长了见识，又乐趣非凡，一举两得。

·零元游澳大利亚 TOP 榜·绝美的自然风光

TOP 1 大堡礁 📷

大堡礁是世界上最大、最长的珊瑚礁群，也是世界七大自然景观之一，以绝美的自然风光而闻名。大堡礁海水湛蓝、清澈，漫步在珊瑚岛上，透过海面可以看到海底的珊瑚。海面水波荡漾，风景绝美，令人流连忘返。

TOP 2 大洋路 📷

TOP 3 黄金海岸 📷

大洋路是一条海岸公路，它也被誉为"世界上风景最美的海岸公路"。驾车行驶在这里，你可以看到大自然鬼斧神工的十二门徒石。

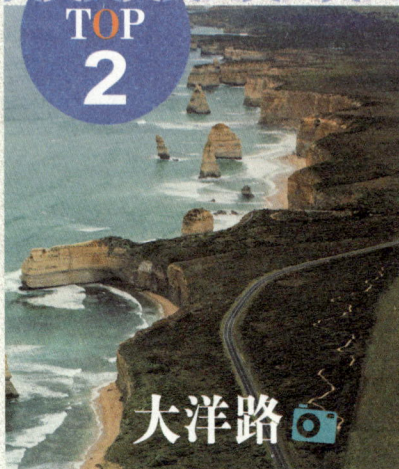

黄金海岸是澳大利亚著名的度假胜地，拥有美丽的海岸风光。细长延绵的白沙滩上吹来阵阵清爽的海风，层层叠浪沐浴在明媚的阳光之中，广阔的碧海蓝天，如你想象中的绝美海岸一般。

TOP 4 库兰达 📷

库兰达是一个热带雨林小镇，因风景优美而有"童话小镇"之称。其内景点众多，有壮观的瀑布，高耸的古树，也有宁静的溪流以及各种珍稀的野生动物，仿佛一个美丽的世外桃源。

TOP 5 蓝色海洋路 📷

蓝色海洋路是连接悉尼和卧龙岗的风景大道，沿途拥有绝美的海岸风光。途中的海崖桥是蓝色海洋路最具特色的一段。驾车行驶在这里一定能给你留下一段美好的回忆。

TOP 6 蓝山国家公园 📷

蓝山国家公园景色雄伟壮观，是看日出和日落的好地方。这里有许多有名的景点，如加利原始森林、热带雨林等，乘坐小火车游览这里时，自然清新的空气和美丽壮观的森林景色令人难以忘怀。

TOP 7

卡卡杜国家公园 📷

卡卡杜国家公园是一个自然与文化双重遗产，公园内不仅景色秀丽，还有许多的野生动物，来这能与它们进行一次亲密的接触。如果胆大的话，还可以尝试与鳄鱼同游。另外，这里还有大量的原住民壁画，很值得欣赏。

TOP 8

波浪岩 📷

波浪岩有"世界第八大奇观"之称，造型犹如一片席卷而来的波涛巨浪，非常奇特壮观。波浪岩长100米，高约15米，由于常年被风化而形成。在这里不仅能感受到大自然的鬼斧神工，也可以拍一两张有趣的照片留作纪念。

TOP 9

莫顿岛 📷

莫顿岛是世界上最大的沙洲岛之一，整座岛由沙子组成，此岛因有野生海豚而闻名世界，又称为"海豚岛"。莫顿岛景色宜人，海水清澈明净，岛上拥有许多美丽的景观，还可以亲手喂食野生海豚，一定会给你留下非常难忘的记忆。

TOP 1 维多利亚国家美术馆 📷

维多利亚国家美术馆是澳大利亚最大的美术馆之一，馆内收藏了来自世界各地的艺术珍品，总收藏价值可达 20 亿美元，是一座名副其实的艺术宫殿。另外，这里的建筑风格也极具特色，充满了艺术气息。

TOP 2

国家图像和音响史料馆 📷

TOP 3

澳大利亚国家博物馆 📷

国家图像和音响史料馆是一个怀旧胜地，内有古老的收音机、录音机、电影、电视和唱机等，走在其中仿佛能感受到过去的生活气息。古老的东西总是能让人内心平静下来，沉浸在对澳大利亚人们过往生活的想象当中。

澳大利亚国家博物馆是澳大利亚第一个反映澳洲历史的社会性博物馆，馆内共设有 5 个永久性的展厅，除了一般的展品外，澳大利亚国家博物馆也以情景再现和视频的方式向游人讲述澳洲故事，十分生动有趣。

TOP 4

澳大利亚图书馆 📷

　　澳大利亚图书馆是澳大利亚最大的图书馆，整座建筑气势恢宏，装饰典雅，充满文艺气息。馆内有大量藏书和许多珍稀的读物，如库克船长的航海日志等。另外，馆内还有咖啡馆和商店，供人们在看书之余休闲。

TOP 5

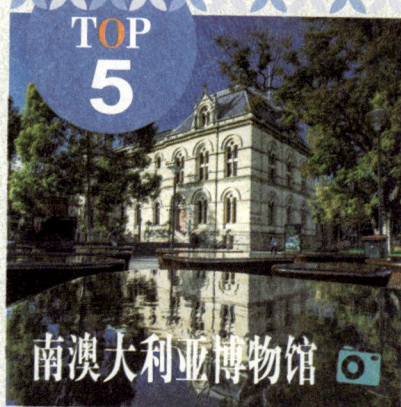

南澳大利亚博物馆 📷

　　南澳大利亚博物馆以拥有澳大利亚原住民文物典藏而闻名。在这里你可以深入了解澳洲原住居民的生活、创意、文化等，非常有意义。另外，馆内的许多互动体验项目也十分有趣。

TOP 6

北领地博物馆和艺术馆 📷

　　北领地博物馆和艺术馆是北领地首屈一指的博物馆，其内通过丰富多彩的展品介绍了当地原住民文化与艺术史、东南亚海洋文化与艺术史等，展品非常丰富。另外，这里的游客画廊、电影院、咖啡馆等也让它成为了一个休闲娱乐的场所。

TOP 7　南澳大利亚州立图书馆 📷

南澳大利亚州立图书馆内有种类丰富的藏书，而令它闻名于世的并不是其内的藏品，而是它那典雅、华丽的装饰，酷似哈利·波特魔法学校，这所图书馆也因此而入选"全球20大最美图书馆"。

TOP 8

澳大利亚皇家铸币厂 📷

澳大利亚皇家铸币厂是澳大利亚最大的铸币机构，这里可以看到澳大利亚硬币的制作过程，也有许多珍奇硬币和最新硬币，但最具特色的还是游客在此能够亲自动手打造一枚属于自己的独一无二的硬币。

TOP 9

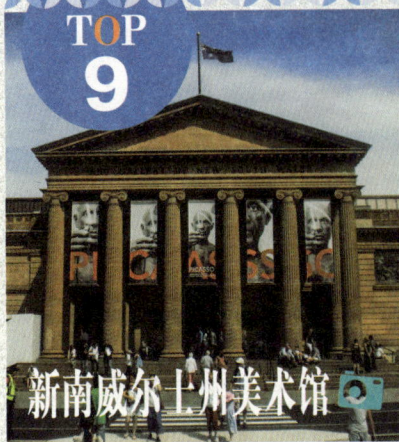

新南威尔士州美术馆 📷

新南威尔士州美术馆是澳大利亚第四大美术馆，主要展出澳大利亚各个时期的美术作品。另外，馆内还有丰富多彩的活动，如演讲会、音乐会、艺术展览等，非常热闹，受到了广大游客的欢迎和喜爱。

TOP 10 南澳大利亚美术馆 📷

南澳大利亚美术馆是拥有澳大利亚民族艺术收藏品最多的美术馆，其内收藏有很多精美的、极具收藏价值的艺术品，既有欧洲文艺复兴时期的印象派油画，也有许多澳大利亚的本土作品，非常有欣赏价值。

·零元游澳大利亚 TOP 榜·难以忘怀的澳洲风情

TOP 1 岩石区 📷

岩石区是悉尼最热闹的地方，拥有许多古老的建筑，街道两旁布满了酒吧、商场、画廊等，还有许多有趣的体验活动。古老的建筑和具有澳洲特色的商铺，使这里成为了最具澳大利亚风情的地方之一。

TOP 2 达令港 📷

达令港是悉尼最具代表性的景点之一，又称"情人港"，是由码头、绿地和各种建筑群组成，浪漫而又温馨。这里有精致的咖啡厅、生动的雕像和美丽的喷泉等，是许多悉尼市民餐前饭后漫步的好去处。

TOP 3

皇冠逍遥之都 📷

位于墨尔本亚拉河南岸的皇冠逍遥之都将先进的科技、无以伦比的奢华和永无休止的令人兴奋的活动完美地结合在了一起。在这里可以享受世界级的购物及就餐体验,奢华且令人沉迷的住宿环境。

TOP 4

考拉 📷

考拉又称为树袋熊,是澳大利亚的国宝,其可爱的造型令它深受世人喜爱。树袋熊喜欢吃桉树叶,每天沉睡 18 个小时之久,很少喝水,并且性情温和,毛茸茸的脑袋令人不自觉地想要抚摸一下。

TOP 5 袋鼠 📷

袋鼠同考拉一样,也是澳大利亚最具代表性的动物之一。袋鼠的肚中有用于孕育小袋鼠的孕育袋,也因此而得名。不过与考拉不同的是,有些袋鼠脾气火爆,力气很大,是"只可远观"的物种。

TOP 6 圣玛利亚大教堂 📷

圣玛利大教堂是澳大利亚规模最大，最古老的宗教建筑。教堂由当地的砂岩建成，并配以哥特式建筑风格，古老而又宏伟。教堂内部庄严肃穆，地下墓穴有闻名世界的以创世界为主题的马洛哥神父地板图案，非常绚丽。

TOP 7 议会大厦 📷

议会大厦是澳大利亚行政权和立法权的核心，分为上方的参议院和下方的众议院两部分。另外，它还是一座非常美丽的建筑，融合了建筑艺术、园林艺术和装饰艺术，大厦上方高达 81 米的旗杆也成为了堪培拉最具代表性的标志之一。

TOP 8 悉尼鱼市 📷

悉尼鱼市是南半球最大的海鲜市场，热闹非凡。这里的海鲜种类丰富，有三文鱼、大龙虾、帝皇蟹、对虾等，且分量十足，更有许多厨艺精湛的餐厅，游客在此既能体验到澳大利亚市场的热闹氛围，又能饱饱地美餐一顿，并能欣赏这里的美丽风光。

TOP 9

弗林德斯街火车站

弗林德斯街火车站是澳大利亚最早的火车站之一。整个建筑非常有特色，米黄色的文艺复兴式建筑，古老而又亲切，里面存留着许多澳大利亚人难忘的记忆，是墨尔本最著名的地标性建筑之一。

TOP 10

澳大利亚国立大学

澳大利亚国立大学是澳大利亚最好的大学之一，学校内的研究氛围和学术氛围极其浓厚。在这里散步，你会真切地感受到澳洲人的努力与钻研精神，这也是它能成为国内最好大学之一的原因。

·零元游澳大利亚 TOP 榜·远离喧嚣的唯美小镇

TOP 1

罗斯小镇

罗斯小镇（Ross）是一座拥有 200 多年历史的古老小镇，也是宫崎骏的代表作《魔女宅急便》的最初构想地。小镇上的房屋由米色的墙壁构成，而且这里的环境非常自然，每家每户都拥有一片小森林，来这里能将你心中的郁闷一扫而光。

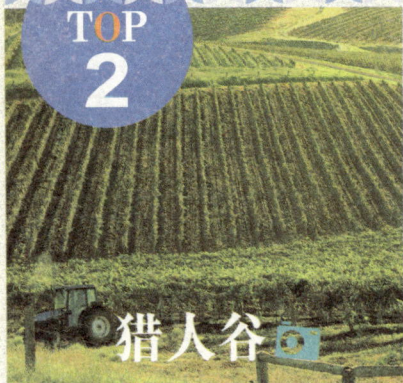

TOP 2 猎人谷 📷

TOP 3 坎贝尔 📷

猎人谷(Hunter Valley Tourism)是澳大利亚著名的旅游胜地。这里的葡萄酒非常有名，远销国内外。另外，在这里留宿的话能欣赏到美丽的星河，届时一定让你震撼不已。

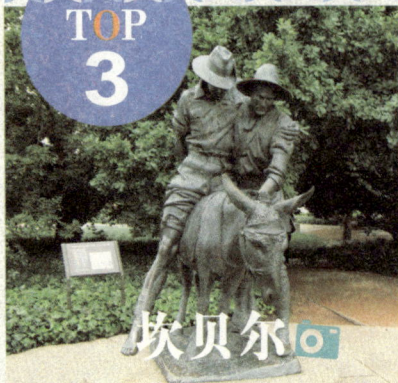

坎贝尔(Campbell)是堪培拉一座安静祥和的小镇。小镇原来用于军队的驻扎，但现在已经没有军队的痕迹了，只是保留了一些年代久远的建筑。这里是堪培拉享受悠闲时光的最佳选择之一。

TOP 4 库尔加塔 📷

库尔加塔（Coolangatta）位于昆士兰州和新南威尔士州的交界处，是澳大利亚人民喜爱的度假村。这里有一条有名的街道，左边是昆士兰州，右边则变成了南威尔士州，并且之间有一个小时的时差。

TOP 5

卧龙岗 📷

卧龙岗（Wollongong）是一座风景优美的小镇，被誉为悉尼的"后花园"。从悉尼到卧龙岗的蓝色海洋路风景极为优美，一定会成为让你难忘的旅行体验。与悉尼的繁华相比，这里更多了一份安静与祥和，非常适合度假。

TOP 6

格雷纳尔格 📷

格雷纳尔格（Glenelg）是南澳大利亚的首批英国移民定居之地，现在还留有许多古老的教堂和其他建筑。另外，这里也是一个著名的度假村，豪华的别墅随处可见。风景优美的格雷纳尔格小镇一定会给你带来不一样的感觉。

TOP 7

爱丽丝泉 📷

爱丽斯泉（Alice Springs）是一座极具特色的小镇，以环绕四周的沙漠美景和历史遗产而驰名。其中，有许多澳大利亚的著名景观，而且由于地势独特的关系，景观非常奇特。另外，在这里还可以体验热气球等娱乐项目。

TOP 8

弗里曼特尔 📷

弗里曼特尔（Fremantle）是一座著名的古城，也是珀斯的发源地。这里有美丽的天鹅湖和各种古老、精致的建筑，整个城市安静而又祥和。另外，这里还有热闹的集市，里面售卖许多特色商品。

TOP 9

拉彼鲁兹 📷

拉彼鲁兹（La Perouse）曾是电影《碟中谍2》的拍摄地。这里也是南威尔士州最好的潜水地和婚纱拍摄场地，只因其优美的海景风光和美丽的珊瑚礁。来到此地的游客无不被它的绝美景色所震撼。

TOP 10

芭萝莎 📷

芭萝莎（Barossa）是澳大利亚重要的红酒产地，享有"红酒王国"的美誉。在这里一定能让你体验到红酒的魅力。另外，这里还有大片的花田和美丽的风景，随处可见的画廊、工作室、工艺品店等，让这里充满了文艺气息。

芭萝莎葡萄酒厂

Part 1 悉尼
无需门票，体验悉尼"心"玩法

Part 1 悉尼
悉尼市区

1 · 热闹的节日活动 ·

悉尼节日活动信息			
名称	日期	地址	简介
澳大利亚冲浪公开赛	2月	曼利海滩	世界顶级的冲浪比赛，可以欣赏到高级冲浪技巧，另外还有音乐盛会举行
悉尼皇家复活节嘉年华	4月	悉尼	澳大利亚最为盛大的年度盛事，展示了澳大利亚文化、遗产和农业的杰出成就，热闹非凡
悉尼海港歌剧	3～4月	悉尼海港	以悉尼海港大桥和悉尼歌剧院为背景的歌剧表演，在壮丽的风景之中上演绝美的乐章
梅赛德斯·奔驰澳大利亚时装周	3～4月	悉尼	盛大的时装展览，而且这些时装在展览的同时也会在商店出售
活力悉尼灯光音乐节	5～6月	悉尼歌剧院	用灯光将悉尼装饰得美轮美奂，并且在悉尼歌剧院白帆灯光点燃时，也意味着悉尼歌剧院的盛大演出即将开始
悉尼电影节	6月	州剧院等主要放映场所	悉尼电影节是世界上历史最悠久的电影节之一，名副其实的电影盛宴，可以在很多地方观看免费电影

续表

名称	日期	地址	简介
渴望悉尼国际美食节	10月	邦迪海滩和悉尼的餐馆	盛大的美食节，由顶级厨师制作的美味大餐，为人们展现了澳大利亚传统特色美食

Part 1 悉尼
悉尼市区

2·免费资讯助你游·

悉尼旅游咨询中心	
服务内容	这里不仅提供免费地图、免费服务和咨询帮助，还会贩卖许多纪念品以及与悉尼旅游相关的物品
地址	Corner Argyle and Playfair St.,Sydney
电话	02-92551788
开放时间	09:30 ~ 17:30

Part 1 悉尼
悉尼市区

3·不要门票怎样能玩 High·

不花1分钱 游览悉尼的线路

悉尼海港大桥： 气势恢宏的海港大桥，可以漫步其上感受美丽海景

🚲 乘坐悉尼探险者巴士

岩石区： 在澳大利亚最热闹的地方之一，体验原汁原味的澳洲风情

🚲 乘坐 311 路、433 路公交车

环形码头： 在热闹的码头氛围中，感受悉尼市民的生活气息

🚲 乘坐 200 路、441 路、X73 路、X74 路公交车

皇家植物园： 在繁华市区中心感受美妙的大自然风光

🚲 乘坐城市铁路至 Town Hall 站下

达令港： 在浪漫美丽的夜景中，褪去一天旅行的疲劳

零元游悉尼市区

1

·岩石区·

旅游资讯

🏠 110 George St., Sydney

📞 02-92408500

🚌 从中央火车站乘坐市区环线5分钟即可抵达环形码头；从市区乘坐311、433路公交车在 Argyle St Near Harrington St 站下车步行

@ www.therocks.com

岩石区（**The Rocks**）是悉尼最热闹的地方之一，也是悉尼的起源地之一，有许多古老的建筑。街道两旁布满了酒吧、餐厅、购物商场、画廊和旅行纪念品的商铺，是可以尽情体验澳大利亚风情的地方。另外，这里还有许多有趣的体验活动，如骑自行车游览各种景点或乘坐游船出海观鲸，抑或在悉尼海港大桥下的道依斯角公园野炊等，都是独特的旅行体验。

不要门票也能 High

1. 骑行是游览岩石区最好的方式之一，但在骑行时一定要注意安全。在微风中游览澳大利亚的本土建筑，非常畅快。

2. 喜欢摄影的朋友需要注意，市集里有一些摊铺是不允许拍照的。

达令港（Darling Harbour）又称"情人港"，由港口码头、绿地和各种建筑群组成，是一个充满浪漫气氛的地方。这里有精致的咖啡厅、美丽的喷泉、生动的雕塑和海滩等娱乐设施，每逢特殊节日，悉尼居民都会聚集于此庆祝。达令港的夜景十分美丽，辉煌的灯火将港内的海水映照得五光十色，十分浪漫。

悉尼娱乐中心：澳洲大规模的娱乐中心，主要用于演唱会和棒球比赛。建筑非常现代化，经常举办各种各样的活动，配套设施十分齐全。

■ 不要门票也能 High

每周三至周日，只要天气晴朗，在达令港南端的海扇湾有两个巨大的半圆形水幕播放《海洋幻境》，其高科技的激光影像配合水底灯光和良好的音响效果，令人赞叹不已。这里从早到晚都有各种不同类型的娱乐节目，除大型文化表演外，还有体现当地人文特色的烟花会演和街头戏剧。

悉尼海港大桥（Sydney Harbour Bridge）是悉尼早期的代表建筑，也是悉尼的地标之一。海港大桥气势磅礴，横跨于海湾之上，古老而又坚定，与悉尼歌剧院隔海相望，被视为悉尼的象征。在大桥上漫步，欣赏两边的美丽风景，十分享受，同时你也可以登上塔楼进入瞭望台，尽情地欣赏悉尼美景。

■ 不要门票也能 High

如果想要在悉尼大桥步行的话，可以提前购买一个望远镜，这会给你在步行途中增添许多乐趣。同时悉尼海港大桥也是拍摄港口美丽景色的绝佳地点。另外，每年除夕都会在桥上燃放烟花，届时，夜景非常壮观。

Part 1 悉尼
悉尼市区

2
· 达令港 ·

旅游资讯

🏠 101/1-5Wheat R d . D a r l i n g Harbour,Sydney
📞 02-92408500
🚌 乘城市铁路至 Town Hall 站下，从南出口沿着 Bathurst St. 徒步即可到达，或乘巴士至 Market St、Park and Druitt St、Bathurst St、Liverpool St 站下皆可
@ www.darlinghar bour.com

Part 1 悉尼
悉尼市区

3
· 悉尼海港大桥 ·

旅游资讯

🏠 7-9York St., Sydney
📞 02-99032159
🚌 乘火车或 Ferry 至 Circular quay 站下后步行，或乘悉尼探险者巴士可到达
@ www.bridgeclimb.com

Part 1 悉尼
悉尼市区

4

• 新南威尔士州美术馆 •

旅游资讯

🏠 Art Gallery Rd., The Domain, Sydney

📞 02—92251700

🚌 乘坐地铁 A 线至 Flaminio 站下车后，步行 10 分钟即到，或乘坐公交 910 路在 Museo Borghese 站下车步行 200 多米即到

🕐 周四至次周二 10:00 ～ 17:00，周三 10:00 ～ 21:00；免费导游开放时间为 11:00、13:00、14:00

@ www.artgallery.nsw.gov.au

Part 1 悉尼
悉尼市区

5

• 圣玛利大教堂 •

旅游资讯

🏠 St.Marys Rd., Sydney

📞 02—92200400

🚌 乘坐 480、483 路公交至 St Marys Rd Near Cathedral St 站下车即到

@ www.stmaryscathedral.org.au

新南威尔士州美术馆（**Art Gallery of New South Wales**）是澳大利亚第四大美术馆，主要展出澳大利亚各个时期的美术作品，欧洲和亚洲的美术作品也有涉及。新南威尔士州美术馆有许多丰富多彩的活动，在每周三的 17:00 ～ 21:00 会举办 "Art Afterhours" 活动，有演讲、音乐会、艺术展览等，非常热闹。每周日的 14:00 ～ 15:00 则会举办 "GalleyKids" 活动，丰富有趣的游戏非常受孩子们喜爱。

圣玛利大教堂（**St Mary's Cathedral**）是澳大利亚规模最大，最古老的宗教建筑之一，也是悉尼天主教社区的精神家园。大教堂是由当地的砂岩建成，配以哥特建筑风格，显得格外的古老和宏伟。圣玛利大教堂气势恢宏，内部庄严肃穆。教堂地下墓穴有以创世纪为主题的马洛哥神父地板图案，彩色的碎石、精巧的手工使其美丽绚烂，因而吸引世界各地的人们前来观赏。圣玛利大教堂不仅是历史的宝贵遗产，也是今天整个城市和国家精神以及文化生活的重要组成部分。

> ### 不要门票也能 High
>
> 　圣玛利大教堂气势雄伟，可以在其中感受庄严肃穆的宗教氛围。教堂里的彩色玻璃精致漂亮，但不能随便拍照，不过美丽的景色一定会在你心里留下不可磨灭的印象。

中国城（**China Town**）以汉族文化和良好的购物环境吸引了很多游客前来，其内主要有亚洲式的食物、服饰店，以及许多物美价廉的餐厅。春节期间是最佳的游览时间，在感受中华特色氛围的同时还可以欣赏到五彩缤纷的烟花，有兴趣的游客还可以加入到舞狮的游行行列，十分有趣。

不要门票也能 High

1. 悉尼的中国城在市中心，是华人经常光顾的地方，有许多中国餐馆，但也存在着拉客的现象，要尽量避免上当。每周五晚上的中国城会有夜市，也是中国城最热闹的时候。

2. 如果你的住处是带有厨房的公寓或酒店，那你可以来中国城的华人超市，这里有制作中餐所需要的调味料，买好以后就可以随时制做美味的中国菜。

维多利亚女王大厦（**Queen Victoria Building**）曾被誉为"全世界最漂亮的购物中心"，它是一座古老的拜占庭式建筑，也是悉尼人最引以为豪的建筑之一。维多利亚女王大厦完美地融合了古代建筑艺术与现代建筑艺术，在这里你不仅可以体验到美妙的购物体验，也可以欣赏到拜占庭式建筑的独特魅力。

不要门票也能 High

维多利亚女王大厦是世界顶级的购物中心，品牌繁多，琳琅满目。除了在此购物之外，精致的拱门、华丽的穹顶、七彩玻璃以及层次分明的地板，都给来到此地的游客一种特别的体验，所以即使不购物，在此散步欣赏美丽的装饰和建筑，也会是一场收获颇丰的旅行。

Part 1 悉尼
悉尼市区

6

· 中国城 ·

旅游资讯

🏠 8 Quay St. Haymarket, Sydney

🚋 乘坐 L1 Lilyfield Line 有轨电车至 Central Station 下车

@ sydney-chinatown. info

Part 1 悉尼
悉尼市区

7

· 维多利亚女王大厦 ·

旅游资讯

🏠 455 George St., Sydney

📞 02-92656800

🚌 乘坐 412、413、431、433、436、L38 等路公交车，在 George St Near Market St 站下车即可

@ www.qvb.com.au

海德公园

旅游资讯

🏠 Elizabeth St.,
Sydney

📞 02-92659333

🚌 乘L2机场快轨
到St James Station
或 Museum Station
下车，或乘L24路
公交车在College St
Near Prince Albert
Rd 站下车

🕙 10:00~17:00

悉尼鱼市

旅游资讯

🏠 Bamk St. &
Pyrmont Bridge
Rd.,Sydney

📞 02-90041100

🚌 乘城市铁路至
Town Hall 站下，从南
出口步行前往

@ www.sydneyfish
market.com.au

海德公园（**Hyde Park**）位于悉尼市中心，拥有古老的历史，这里有大片洁净的草坪，百年以上的参天大树，是一个休闲散步的好去处。在公园的中心有一个造型奇特的喷水池，外围是由一组青铜雕塑组成，水池的中间立有一位拿古琴的少年的雕塑，后面则是扇形的喷水。位于繁华的悉尼市中心的海德公园，好像一个世外桃源一样，给来往的游客和市民带来独特的悠然享受。

海德公园军营博物馆：是海德公园早期建筑，这里比其他的博物馆更加直观地展现了早期悉尼的状况，如果你想要了解悉尼早期的历史，那么海德公园军营博物馆无疑是一个好去处。

悉尼鱼市（**Sydney Fish Market**）是南半球最大的海鲜市场之一，在这里你将体验到鱼市独特的色彩。这里的海鲜种类丰富，分量十足，更有许多厨艺精湛的餐厅，用多种烹调手法制做出各种美味，中、西、日式海鲜美食。在海港边的露天餐厅中一边吃着新鲜可口的海鲜大餐，一边欣赏美丽的海景，是许多到此的游客终生难忘的美妙体验。另外，市场里还有面包点心铺、大型水果超市、葡萄酒专卖店等，可以随心所欲地采购自己喜欢的食品。

🟪 **不要门票也能 High**

1. 在悉尼鱼市一般有两种方法可以美餐一顿。一种是直接在喜欢的海鲜餐厅里点餐，还有一种则是可以提前买好自己想要品尝的海鲜，然后交给大厨加工。如果时间充足的话推荐第二种方式，除了能节约成本外，海鲜食材还可以精挑细选，提高用餐体验。另外，鱼市的许多牌子上也有中文指示，非常方便。

2. 市场里主要客源集中在门口的 Christie's 和 Peter's 两家，这里有种类丰富的海鲜，也有各式各样的烹调手法，能满足大部分人的口味喜好。

悉尼大学（University of Sydney）被称为"澳大利亚第一校"，是澳大利亚的第一所大学，也是全世界最优秀的高等学府之一，澳大利亚的许多名人皆是毕业于此。悉尼大学规模宏大，共建有八大校区及多所分校。整个学校建筑风格古色古香，保留着澳大利亚许多传统建筑和文化特色，充满悠闲与和谐的气氛。开放式校园内的风景同样美丽，洁净的草坪和美丽的湖泊，学生们畅游在其中，俨然一个世外桃源。

哈利·波特楼：悉尼大学的哈利·波特楼因其建筑风格与电影《哈利·波特》中的教学楼相似而得名，是悉尼大学最古老的建筑之一。美丽优雅的哈利·波特楼非常受游客的欢迎，这里也曾是刘强东夫妇拍婚纱照的地方。

皇家植物园（Royal Botanic Gardens）里种植着许多澳洲特有的植物，是殖民时代的澳洲总督府所在地。皇家植物园曾经是澳洲的第一农场，为起初移民至澳洲的人们提供珍贵的食物，非常具有纪念意义。沿着园林东侧的伊丽莎白女王通道可以直接通往麦考瑞夫人岬角，每天定时会有免费向导带着徒步游。

麦考瑞夫人的椅子：在漫步道终点有被称为"麦考瑞夫人的椅子"的平台，这是非常著名的景观台，

站在这里能看到以悉尼海港大桥为背景的悉尼歌剧院，许多摄影爱好者也经常来此拍摄美丽的风景。

Part 1 悉尼
悉尼市区

10

· **悉尼大学** ·

旅游资讯

🏠 University of Sydney, Sydney
📞 02-93512222
🚌 乘火车至 Redfern 站下车，步行 10 分钟即到；或乘公交 412、413、436、438、439、440、461、480、483 路或地铁 m10 号线至 Parramatta Road 站下车即到
◉ 周一至周五 10:00 ～ 14:00
@ sydney.edu.au

Part 1 悉尼
悉尼市区

11

· **皇家植物园** ·

旅游资讯

🏠 Macquaries Rd., Sydney
📞 02-92318111
🚌 搭乘地铁到 Circular Quay 站下，步行前往；乘公交 441 路至 Art Gallery Of NSW 站下车即到
@ www.rbgsyd.nsw.gov.au

Part 1 悉尼
悉尼市区

12
·邦迪海滩·

旅游资讯

🏠 Queen Elizabeth Drive, Sydney

🚌 乘 333、362、380、381、382 等路公交车到 Campbell Parade Opp Hall St 站下即可

⏰ 全天开放

@ www.bondibeach.com

邦迪海滩（**Bondi Beach**）被誉为"冲浪者的天堂"，是悉尼最著名的海滩之一。在美丽的月牙形海岸线前，蓝色的大海与洁白的浪花交相辉映，美轮美奂。游客可以在这里的海滩上享受日光浴，或是欣赏冲浪者们高超的技巧，如果感兴趣的话，不妨亲自去尝试一次。邦迪海滩的设备齐全，海边还有许多诱人的美食。无论在什么季节，美丽的邦迪海滩始终吸引着大批游客前往。

📎 不要门票也能 High

来邦迪海滩之前，最好做好防晒准备，否则有可能会被晒伤。这里的海浪较大，不太适合游泳，享受日光浴或是冲浪是最好的选择。另外，每年的 1 月份和 11 月份会分别举行短片电影节和海边雕塑展览，时间方便的游客一定不要错过。

Part 1 悉尼
悉尼市区

13
·屈臣氏湾·

旅游资讯

🏠 悉尼东区南面

📞 02-92318111

🚌 在环形码头的 4 号栈桥搭乘屈臣氏湾线渡轮可到，50 分钟一班，航程约 40 分钟

@ www.rbgsyd.nsw.gov.au

屈臣氏湾（**Watson's Bay**）是一个著名的海湾，海景绝佳，每天到访的游客络绎不绝，只为一睹壮阔的太平洋美丽蓝色风光。在屈臣氏湾的顶部有一个景色绝佳的观景点，沿着美丽的散步道向上便可到达。峻峭的悬崖，一望无际的蓝色大海和天空，美得让人停止呼吸。另外，从渡轮下来还可看到"悉尼海鲜第一名店"Doyles 餐厅，感兴趣的可以去尝尝看。

The Gap：在屈臣氏湾的"The Gap"可以欣赏到被海浪冲蚀的自然景观，这里有险峻的奇岩怪石，也有美丽的碧海蓝天。但这风景秀丽的地方却曾是澳洲的"自杀断崖"，令人恐惧，后来一位名叫 Don Ritchie 的人，靠与自杀者聊天喝茶而挽救了 160 余条生命，使这里成为了充满爱与关怀的地方。

北角保护区（**North Head Sanctuary**）是悉尼一处隐匿的宝地。这里风景优美，湛蓝的大海，险峻的岩石，晴朗的天空，还有茂密的森林，使这里成为了一个美丽的人间仙境。你可以租一辆自行车在这里骑行，清爽的海风拂面，如画的风景让人心情畅快。这里的风景一定会给你留下美丽的回忆。

百老汇街区（**Boardway Shopping Center**）是悉尼最古老的商业区，主干道百老汇大街也是悉尼大区的枢纽干道。这里的大街两侧，有繁华的购物中心、免税商店、办公楼、咖啡店等，热闹繁华，还有翠绿的大树、鲜艳的花卉、悠闲的公园，惬意非凡。道路两旁有许多古朴庄严、气势恢宏的欧洲哥特式城堡建筑，也有令人叹为观止、设计感极强的现代建筑。来这里购物一定能给你带来许多不一样的体验。

零元游悉尼周边

1

● 曼利海滩 ●

旅游资讯

🏠 Manly Beach, Manly, New South Wales

🚌 从环形码头的3号栈桥乘渡船到曼莉码头，航程约半个小时，下船后步行300米即到

@ www.manlyaustralia.com.au

曼利海滩（**Manly Beach**）是一个有名的冲浪度假胜地，天气晴朗的时候，海面上随处可见游艇、帆船。曼莉海滩风景秀丽，海天一色，白云悠闲地漂浮于天空中，另外，曼利海滩还有开阔的沙滩，可以容纳数万人进行休闲日光浴，所以每到节假日便会有许多游客来此度假。

■ 不要门票也能 High

1. 在曼利沙滩可以进行游泳及冲浪活动，另外，沙滩上还有免费的沙滩网球场，所以喜欢游泳冲浪或者海边运动的游客一定不要错过。

2. 在曼利海滩的漫步道上有许多造型可爱的迷你金属雕像，美丽的海景，精致的雕像，都使这段路程充满乐趣。

蓝山国家公园（Blue Mountains National Park）拥有雄伟壮观的大自然景色，其中加利原始森林、热带雨林以及优美的天然瀑布更是远近闻名。游客可以在这座大型公园里乘观光巴士、小火车等深入雨林，再徒步探险，也可以乘缆车从空中俯瞰美丽的山川美景。另外，蓝山国家公园一年四季景色各不相同，都适合游览。

■ 不要门票也能 High

蓝山国家公园温差很大，建议多带件外套。另外，在蓝山国家公园留宿也是非常不错的选择，山间的新鲜空气和美丽的山川美景多会给你带来不一样的体验。

中央海岸（Central Coast）是澳大利亚新南威尔士州的一个统计分区，人口众多，主要以亚洲移民为主。中央海岸距悉尼市区约1.5小时的车程，这里环境幽雅，空气清新，有柔软的沙滩和清澈的海水，游客可以在此享受垂钓、游泳、独木行舟和扬帆海上的乐趣。

霍克斯伯里河：是新南威尔士州沿岸主要的河流之一。这条河河水清澈，海鸥众多，景色十分秀丽。

Part 1 悉尼
悉尼周边

2
·蓝山国家公园·

旅游资讯

🏠 Govetts Leap Rd., Blackheath
📞 02-47878877
🚌 在雪梨中央车站搭乘 City Rail 前往，也可搭乘 Blue Mountains Explorer Bus 前往
🕘 09:50 ～ 16:50
@ www.nationalparks.nsw.gov.au

Part 1 悉尼
悉尼周边

3
·中央海岸·

旅游资讯

🏠 Central Coast, New South Wales
📞 02-99859349
🚌 从悉尼乘火车到 Gosford 站下车即可

Part 1 悉尼
悉尼周边

4

· 温特沃斯瀑布公园 ·

旅游资讯

Wentworth Falls,
NSW 2782
乘坐 685 路公
交车在 Wentworth
Sinclair Cr 站下
@ wentworthpark.org

温特沃斯瀑布公园（Wentworth Falls）是一个位于杰米逊谷边缘的景色优美的瀑布，高近 300 米，气势恢宏，非常壮观。公园内的漫步道景色优美，在这里可以将山谷的景色尽收眼底。站在悬崖的砂岩层上可以欣赏山谷中的美丽景色，倾听自然的声音，让人心旷神怡。

拉彼鲁兹（La Perouse）是以法国航海家的名字命名的，曾是电影《碟中谍 2》的拍摄地。这里是南威尔士州最好的潜水地之一和绝佳的婚纱拍摄场地，周边分布着众多美丽的珊瑚礁。拉彼鲁兹还有大片的绿色草坪、成群的海鸥、萧瑟的枯树、土红的岩石、蓝色的海和金色的沙滩，这一切构成了一幅令人难以忘怀的美景。

Part 1 悉尼
悉尼周边

5

· 拉彼鲁兹 ·

旅游资讯

Anzac Parade, La Perouse
02-93113379
在环形码头乘
L94 路公交巴士到终点站下车
4 月～10 月 07:00～19:30，11 月至次年 3 月 07:00～20:30
@ www.nationalparks.nsw.gov.au

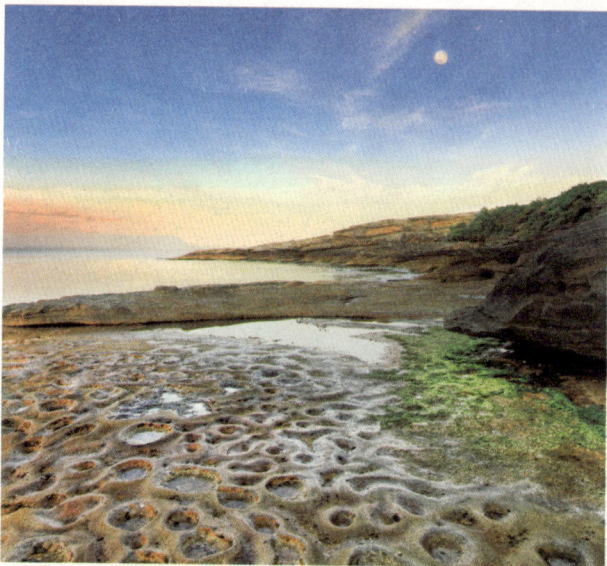

· 悉尼→纽卡斯尔

　　纽卡斯尔（**Newcastle**）是澳大利亚第六大城市，风景秀美，极富休闲气息。这里除了拥有澳大利亚足球甲级联赛球队纽卡斯尔喷气机外，也是产酒胜地——猎人谷的所在地。除此之外，纽卡斯尔还拥有澳大利亚最大的滨海湖——麦觉理湖和被誉为冲浪天堂的史蒂芬港。

Part 1 悉尼
悉尼周边

1

· 猎人谷 ·

旅游资讯

🏠 455 Wine Country Dr.,Pokolbin
📞 02-49936700
🚌 悉尼的 Central Station 每天 07:30 有发往猎人谷公园 (HunterValleyGardens) 的 Rover Coaches 巴士
@ www.huntervalley.net.au

■ 前往纽卡斯尔

　　可以从悉尼 Central 火车站乘坐火车前往，票价 40 澳元左右，路程 3 ~ 4 个小时。除了火车外，纽卡斯尔还通飞机，从悉尼的京斯福特·史密斯机场到纽卡斯尔的威廉顿机场用时约需 45 分钟，价格 100 ~ 200 澳元，是最快的交通方式。

　　猎人谷（**Hunter Valley Tourism**）是澳大利亚著名的旅游胜地，也是澳洲最有历史的葡萄产地。猎人谷的葡萄酒非常有名，共有超过 120 个酒庄，这里产的葡萄酒爽口醇美，在本国和国外都非常受欢迎。除了美味的葡萄酒外，猎人谷的风景也十分优美，静谧的湖泊，清净的草坪，大片的葡萄园都非常有情调。另外，如果你在猎人谷留宿的话，夜晚的星空一定会让你震撼不已，密密麻麻的繁星汇成一条美丽的长河，再配上爽口的葡萄酒，一定会让你不虚此行。

· 悉尼→卧龙岗

　　卧龙岗（**Wollongong**）位于悉尼南部，虽然只是一座小城镇，但这里却因美丽的海景、优质的海滩而被誉为悉尼的"后花园"。与繁华的悉尼相比，这里更多了一份宁静与祥和。

前往卧龙岗

1. **自驾**：由悉尼驾车去卧龙岗约需 1 个小时，自驾可以沿着著名的蓝色海洋路前行，在前往卧龙岗的途中便可以欣赏绝美景色，也可以选择 Met Rd. 1 和 Princes Highway south 这两条路线。

2. **火车**：每隔一个小时，都有火车从悉尼发出前往卧龙岗，车程约一个半小时。

蓝色海洋路（**Grand Pacific Drive**）是连接悉尼和卧龙岗的风景大道，是从悉尼到南部海湾的最佳路线之一，沿途可以看到绝美的海景。蓝色海洋路依崖傍海而建，长达 655 米的架空天桥海崖桥，是蓝色海洋路最漂亮且最具特色的一段。海洋路风光绝美，沿途景点众多，广阔无际的美丽草原、迷人的渔港小镇、飞流直下的瀑布和奇形怪状的岩石都可以在此看到，绝对是一场充满乐趣的旅行。

蓝色海洋路自驾游路线：悉尼（Sydney）→海伦斯堡（Helensburg）→巴尔德（Bald）→海崖桥（Sea Cliff Bridge）→卧龙岗（Wollongong）

杰维斯湾（**jervis bay**）是卧龙岗有名的度假胜地，这里的海姆斯海滩是世界上最白的沙滩。杰维斯湾的海滩海水清澈，沙滩洁白似雪，站在海边眺望，无边无际的碧海蓝天和洁白的沙滩构成了一幅绝美的景象。这里的沙滩上还有许多海星和贝壳，海里则有海豚、鲸鱼等野生动物，如果想观赏鲸鱼的话最好带上望远镜。绝美的风景加上可爱的动物，一定能给你带来一次完美的旅行。

南山寺（**Nan Tien Temple**）是澳大利亚最大的佛教寺庙，每天都有络绎不绝的人来此参观。南山寺修建得非常有特色，院内风景绝佳，非常自然，而且整个寺庙气氛恬静，非常适合修行。来这里既可以报名修行，欣赏院内美景，洗去内心的浮躁，也可以来一碗免费的斋饭，感受一下寺庙里的美味。

悉尼 · 旅游资讯

交 通

飞机

悉尼国际机场

悉尼国际机场（Sydney International Airport）又叫京斯福特·史密斯机场（Kingsford Smith International Airport），是澳大利亚最繁忙的机场，也是全澳洲最大的国际机场，位于麻萨考特（Mascot）域区。它拥有规模不小的商业区，超过150多家机场商店，还设有一系列儿童游乐的设施。悉尼机场有 3 个候机大楼，分别为国际候机大楼，国内候机大楼和澳航候机大楼。国际候机楼与国内候机楼相距约 2.5 公里，之间有特快车运行。注意要分清国内、国际航线，和你手中机票上的航站楼对照一下再选择出行的线路。

悉尼国际机场简介	
电话	02-96679111
交通	1. 机场火车：乘坐机场火车（AirportLink）前往悉尼市中心是最便捷的，每10 分钟就有一班火车，只需要 13 分钟就可以到达市区。悉尼国际机场出发的火车直接进入 City Circle(市区内环线），包括 Central 站、Museum 站、St James 站、Circular Quay 站、Wynyard 站以及 Town Hall 站 2. 机场特快车：绿色和金色的机场特快班车 (AIRPORT EXPRESS) 在国内、国际候机楼以及市区和 Kings Cross 之间有多条运行路线，票价：单程为 7 澳元，往返 12 澳元 (含 GST 商品及服务消费税），运行时间 05:00 ~ 23:00。 3. 公交车：300 线，在 Central 火车站接载乘客；350 线，在 Kings ross 区、Potts Point 区以及 Elizabeth Bay 区接载乘客 4. 悉尼机场巴士交通服务公司 (Kingsford Smith Transport) 提供前往 Kings Cross 区、市区以及 Darling Harbour 地区的酒店、旅馆、背包旅行客栈等地的悉尼机场巴士（Sydney Airporter），票价：单程 8 澳元，运营时间：每 20 ~ 30 分钟一班。此外，酒店巴士及直达车服务，也可以将你从机场带往悉尼市区

交通	5.出租车：乘出租车从市中心到机场大约费用为40澳元，车程约为20分钟，一般不用付司机小费，但如果行李多的话可以适当给2澳元
网址	www.sydneyairport.com.au

从中国飞往悉尼的直达航班通常可从上海、北京、广州等城市的机场乘坐，以下是中国几大航空公司的航班，以便为你的行程安排做参考。

中国飞往悉尼的航班				
航空公司	航空公司电话	城市	单程所需时间	出航信息
中国国际航空	中国客服电话 95583	北京	直达约 12 小时	每天有多次航班到达，16:50 有直达航班
		上海	直达约 10.5 小时	浦东机场有 19:35 出航的直达航班，也有其他时间的航班
		广州	18～39 小时	无直达，需在北京或上海中转
		深圳	17～39 小时	购票后从北京或者上海中转，班次很多
中国东方航空	北京客服电话 010－95530 上海客服电话 021－95530 广州客服电话 020－81350071 深圳客服电话 0755－88376376	北京	14～32 小时	都是从上海浦东机场转机，上海浦东机场 20:20 有直达悉尼的航班
		上海	直达约 11 小时	
		广州	17～36 小时	
		深圳	18～25 小时	
中国南方航空	从国内拨打 400－669553912	北京	24～26.5 小时	都从广州转航，08:20、21:05 有广州直达悉尼的航班
		上海	17～27 小时	
		广州	直达约 9 小时	

火车

悉尼火车站是澳洲最古老、最大的火车站之一，每天都有无数的人来往于此，并与澳大利亚主要城市都有线路通行。洲际列车、城际列车、悉尼市内的城铁的终点站都在位于市中心的中央车站（Central Station）。

悉尼到墨尔本，每天有 2 班车：07:42 发车、当天 18:56 抵达的日间车与 20:40 发车、次日清早 07:35 抵达的夜间车。经济舱 91.18 澳元，商务舱 128.30 澳元、卧铺 216.30 澳元（日间车无卧铺）。

悉尼到布里斯班，每天有 2 班车：07:15 发车、当天 22:34 抵达的日间车与 16:12 发车、次日清早 06:30 抵达的夜间车。经济舱 91.18 澳元，商务舱 128.30

澳元，卧铺 216.30 澳元（日间车无卧铺）。

悉尼到堪培拉，每天只有 1 班车：07:42 发车、当天中午 17:22 抵达的日间车。经济舱 62.14 澳元，商务舱 82.31 澳元。

悉尼到黄金海岸，每天有 2 班车：07:15 发车、当天 22:13 抵达的日间车与 16:12 发车、次日清早 07:00 抵达的夜间车。经济舱 87.15 澳元，商务舱 117.82 澳元，卧铺 205.82 澳元（日间车无卧铺）。

长途汽车

悉尼有很多长途巴士来往于悉尼与其他城市之间，始发站位于中央车站北侧一楼。澳大利亚地域辽阔，乘坐巴士到各地需要比较长的时间，从悉尼到堪培拉需要 5 小时、到墨尔本需要 12 小时、到凯恩斯需要 23 小时，费用一般比火车贵 10% ~ 25%。

市内交通

悉尼市内由城市铁路、单轨铁路、城市轻轨、公交车、出租车、轮渡和观光巴士等交通工具构成的交通网纵横交错，四通八达，方便快捷。但是过于发达的交通常常令初到悉尼的游客感到复杂，建议你在出行前就对悉尼主要的交通线路做一些了解，然后根据沿线的地点规划行程。

城市铁路

悉尼城市铁路网非常庞大，它与中国北京等大城市的地铁类似，但它运行线路不局限于城市内部，而是以悉尼为中心的一大片区域。城市铁路共有 11 条郊区线、4 条城际线及 1 条区域线，覆盖了悉尼整个城市和郊区城镇。城市铁路大多数时候都在地上行驶，只有在悉尼市中心和机场才转为地下行驶。在悉尼的中央火车站，你既可以坐郊区线和城际线到悉尼的各个地区，也可以方便地换乘真正的火车。

单轨铁路

悉尼单轨铁路（Metro Monorail）是一种高架的电气机车，运行的线路是循环线，由港边购物中心出发，经过展览馆、中国友谊花园，到达市中心的维多利亚女王大厦、皮特街（Pitt St.）等，然后再绕回到达令港的 Cockle Bay Wharf。

单轨铁路信息	
名称	**信息**
电话	02-85845288
价格	环游一圈 5 澳元，一日票成人 10 澳元、家庭 23 澳元
运行时间	周一至周四 07:00～22:00，周五至周六 07:00～24:00，周日 08:00～22:00；每天间隔 3～5 分钟一班
网址	www.metrotransport.com.au

城市轻轨

悉尼的城市轻轨（Metro Light Rail）分两个区域运营，主要穿行在中央火车站和 Pyrmont 之间，途经唐人街和达令港。所有的站点都是上车买票。

城市轻轨信息	
名称	**信息**
价格	1 区成人 3 澳元，小孩 2 澳元；1 区和 2 区成人 4 澳元，小孩 3 澳元；一日票成人 9 澳元，小孩 7 澳元
运行时间	24 小时，其中 2 区的 Pyrmont 与 Lilyfield 之间的站点周日至次周四是 23:00 停运，周五、周六到 24:00 停运
发车间隔	06:00～24:00 是 10～15 分钟一班；00:00～06:00 是每 30 分钟一班
网址	www.metrotransport.com.au

公交车

悉尼的公交车遍布市区和市郊，分国有和私有两种。国有的公交车运行时间的结束相对较晚，班次和路线也较多；而私有的公交车首末班车时段较短，班次和路线较少。乘坐国有公交车可以上车买票，也可以刷卡，建议购买 10 次优惠卡；而乘坐私有公交车，只能从司机那里买原价的车票。公交车不是每一站都停，如果需要在下一站下车，则需要提前按一下扶杆上的红色按铃，否则司机到站是不会停车的。想要了解更多的公交车详情，可以参考网站 www.sydneybuses.info/routes。

轮渡

悉尼所有的轮渡都从环形码头出发，环形码头共有 4 个停靠码头，可到达达令港、曼利海滩和北悉尼等地。

轮渡票按距离可分为两种，第一种（0～9公里）成人单程票 5.8 澳元，第二种（9公里以上）成人单程票 7.2 澳元，轮渡票可以在码头的售票窗口或是售票机上购买。

轮渡信息		
名称	**线路**	**单程票价**
2 号码头	前往塔隆加动物园	5.3 澳元
3 号码头	普通渡轮前往曼利海滩	6.6 澳元
4 号码头	前往北悉尼为主	5.3 澳元
5 号码头	前往达令港	5.3 澳元

观光巴士

悉尼市内观光巴士极为便利，Sydney Explorer 便是其中一种。乘坐这种巴士可以参观市内各大景点，而且其价格也是十分实惠。游客只要购买一张车票，就可以 1 天内无限次的搭乘，并且可以在任意站点上下车。这种巴士每天 08:40 从环形码头首发，每隔 20 分钟一班，围绕悉尼转一圈的时间约为 1 小时 40 分钟，末班车的时间是 17:20。想要了解更多的详情与车票预订信息，可以参考网站 www.city—sightseeing.com。

出租车

悉尼的出租车只能在指定的搭乘处乘坐，起步价 3.1 澳元，之后每公里是 1.85 澳元，等候时间是每分钟 80 澳分。如果是 22:00 至次日的 06:00 乘坐，要加收 20% 的费用，同时过路费、过桥费等都需要乘客自己支付。如要司机帮忙搬运行李，需额外加付小费。

悉尼有 4 家主要的出租车公司，都可以用电话预约。

出租车公司信息			
名称	地址	电话	网址
Sydney Cove Water Taxis	The Rocks,Sydney	414-708020	www.watertaxisydney.com.au
Premier	33 Woodville Rd., Gramville,Sydney	02-131017	www.premierms.com.au
Silver Service	13 Wirruna St.,Sydney	401-979924	www.silverservice.com.au
Sydney Harbour Water Tad's	9-13O'iordan treet, Alexcvndria,Sydney	02-81972888	www.watertaxis.com.au

悉尼公共交通通票

在悉尼出行，可选择购买一张悉尼公共交通通票（MyMulti Ticket，又名 MyMulti 通票），这种票适用于城市铁路、公交车、轮渡及轻轨。MyMulti 通票分日票和周票，其中周票价格较实惠，但需要根据区域进行选择，有 MyMulti1（离市中心 10 公里的交通距离）、MyMulti2（悉尼郊区及附近）、MyMulti3（整个城市铁路区域）这几种选择。

你可从 STA 办事处、火车站、Bus Transit Shop 以及 Sydney Ferry 位于环形码头和曼利码头的办事处，还有机场特快巴士和 Explore 公共汽车的司机处购买通票。通票日票价格为 24 澳元；周票 My Multi1 为 48 澳元、My Multi2 为 56 澳元、My Multi3 为 65 澳元。

美 🍴 食

悉尼是海港城市，你在这里能吃到世界各地的美食，这里从希腊、意大利、法国等欧洲国家的风味美食，到泰国、中国、日本、越南、韩国等亚洲国家的特色料理，比比皆是。来到悉尼，不如先了解悉尼的美食文化，然后再去品尝。

■ 悉尼的特色美食 ■

悉尼作为一个海港城市，海鲜当然是最为主要的，也是最受海外游客欢迎的美食。在悉尼吃东西很方便，除了有众多的餐厅类型之外，悉尼鱼市场的海鲜随处可见，也是人们品尝美食的好去处。来这里的好处就是，种类繁多的海鲜能让你大饱口福。

悉尼鱼市场

走进悉尼鱼市场，肯定会被海鲜阵势所惊呆，你会看到各种各样的海鲜，如龙虾、帝王蟹、生蚝、三文鱼、鳕鱼等整齐地列在摊案上。市场内设有各具特色的海鲜餐厅，中西式口味应有尽有。熟食摊的各式海产尽现眼前，深海大龙虾、整条肥美三文鱼、巨大的皇帝蟹、闪闪发光的对虾、鲜活生蚝等都惹人垂涎欲滴，在经过烧烤、油炸、清蒸、蒜茸炒等多种独特的烹调手法后，异常美味。在此人们除了到海鲜餐厅品尝丰富美食，亦可在琳琅满目的鲜鱼部选购海鲜，把刚买的鲜嫩海鲜交到熟食部的大厨手上，然后让其按照自己的口味要求，烹调成一顿丰富鲜味的海鲜餐。此外，也可到海港边的露天餐座，一边欣赏海景一边品尝美食，别有一番风味。

🏠 Bamk Street & Pyrmont Bridge Rd．，Sydney
📞 02—90041100
@ www．sydneyfishmarket．com．au

■ 悉尼餐厅推荐 ■ 🎖

悉尼堪称美食天堂，你能在这里找到几乎全世界的美食。如果你想吃澳大利亚本土风味的美食，那就享用一下澳大利亚龙虾、皇帝蟹、牡蛎等；如果你怀念中国风味美食，那唐人街是最符合你需求的地方；如果你还想品味其他风味的美食，不如选择寿司、咖喱饭、意大利面等。

华英小厨

🏠 846 King Georges Rd.,Sydney

📞 02-95464806

🚍 搭乘公交车 940、941、943 或者 944 路，在 Bridge St At Forest Rd 下车

@ www.menusonly.com.au

华英小厨 (South Hurstville Chinese Restaurant) 是位于悉尼的一家粤菜餐馆，开业比较早，算是悉尼老牌的中式餐馆了。这里供应蔬菜、海鲜、肉类，食材非常新鲜，口感很爽脆。来过这里的中国游客都推荐招牌生蚝，约 5 澳元一个，可以蘸着 XO 粉丝酱吃。这里的服务员也十分热情好客，基本都是男性服务员，菜单是中文的，方便中国顾客阅读。

Flying Fish Restaurant & Bar

🏠 19—21 Pirrama Rd.,Pyrmont

📞 02-95186677

@ www.flyingfish.com.au

Flying Fish Restauvant & Bar 木质地板还有墙壁很有情调，除了室内的座位，还有露天的座位，可以看到海港，非常浪漫。餐厅还有开放式的厨房和酒水吧，食物是澳洲本地的特色食物，算得上是普通菜色，但是对于外来的游客算是特色餐馆了，这家的甜点很美味，服务细心，不过入口有点难找。

中厨

🏠 105 Bathurst St.,Syandy

📞 02-92678877

🚍 搭乘1CBD 路、2CBD 路、412 路、461 路公交车，在 Castlereagh St. Near Bathurst St. 站下车，步行即可到达

🕐 11:30 ~ 15:00, 17:30 ~ 22:00

@ www.chefsgallery.com

中厨 (Chef's Gallery) 宣传的主旨是"中厨饮食万花筒"，主要以小碟菜式呈现，其中包括传统菜色。中厨秉持着对手工制作与使用新鲜食材的原则，一直坚持为客人提供最美味的食物。周一至周四都会提供优惠午餐，菜式丰富又营养，是游客们不错的选择。同时，中厨也会是最适合想一次多尝试不同菜色或想与亲朋好友一起分享的不错选择。

赤堂铁板牛排

🏠 Level 1/13 Goulburn St Haymarket,Sydney

📞 02-92804227

赤堂铁板牛排 (Hotplate Steak House) 是一家中国餐厅，他们家的铁板牛排极其美味，选用特别鲜美的澳洲牛肉，做出来的饭菜比中国国内的鲜嫩多汁，建议一定要品尝。

住 🏠 宿

悉尼的住宿地主要集中在岩石区、市中心或靠近十字区等地，一周内的住宿价格也略有浮动，周末的房价会便宜一些，而郊区的房价会贵一些，此外在悉尼需要交纳10%的床铺税。总的来说，酒店和公寓的价格较高，青年旅舍则比较实惠，不过青年旅舍的家庭房通常空间较小，且旅舍内人员多是年轻人，较为喧闹。建议根据自己的需要选择最合适的住宿类型。

悉尼旅客之家酒店

🏠 27-33 Wentworth Ave.,Sydney
💲 80 ～ 120 澳元
@ www.travelodge.com.au

悉尼旅客之家酒店 (Travelodge Sydney) 距离海德公园 (Hyde Park) 和时尚的牛津街 (Oxford Street) 仅 2 分钟的步行路程，位置很好，基本靠步行就可以浏览悉尼中心的景点。酒店提供带小厨房和液晶卫星电视的自助式客房，所有空调客房均配备了微波炉和冰箱。每间客房均设有休息区和办公桌。酒店可应要求提供洗衣和干洗服务以及行李寄存服务，24 小时前台设有保险箱，设有每天早晨供应各式冷热自助早餐的餐厅。

迷宫背包客酒店－悉尼

🏠 417 Pitt St., Sydney
💲 36 澳元起
@ www.mazebackpackers.com

迷宫背包客酒店－悉尼 (Maze Backpackers–Sydney) 是一家热闹的旅馆，位于悉尼市中心优越的地理位置。旅馆设有 24 小时接待处，提供机场班车服务和洗衣设备，设有带公用浴室设施的简单私人客房。客人可以在公用电视休息区放松身心或者在游戏室打一局台球。旅馆经常组织免费活动，提供行李寄存和安全的储物柜，亦可提供吹风机和熨衣设备。旅馆各处均提供无线网络连接。

悉尼海港青年旅馆

🏠 110 Cumberland St.,The Rocks,Sydney
💲 30 澳元起
@ www.yha.com.au

悉尼海港青年旅馆（Sydney Harbour YHA），位于历史悠久的 The Rocks 区中心设有一个屋顶露台，能看到悉尼歌剧院和悉尼海港大桥的壮丽景色。旅馆配有烧烤设施、电视休息室和公共厨房。所有客房均配备了空调，并设有一间私人浴室。部分客房还享有海港景致，配有沏茶和咖啡设施以及一张办公桌。

扎拉塔－服务式公寓酒店

🏠 61－65 Wentworth Ave., Sydney
💲 170 ～ 500 澳元
@ www.Zaratower.com.au

扎拉塔－服务式公寓酒店（Zara Tower－Serviced Apartments）位于悉尼市中心，提供五星级住宿，包括免费无线网络连接、私人阳台和美丽市景。客人可以享用健身中心、代客泊车服务以及 24 小时前台。每间公寓都设有一台平面电视和一个设备齐全的厨房，厨房带有烹饪设施和洗碗机。顶楼公寓设有休闲 SPA 浴缸，并可欣赏到全景。

悉尼其他住宿地推荐

名称	地址	网址	费用
伍伦穆鲁水畔公寓酒店	88 Dowling St., Wooloomoolooo Bay	www.woolloomooloo-waldorf-apartments.com.au	128 澳元起
中央铁路酒店和公寓	240 Chalmers St., Sydney	centralrailwayhotel.com.au	120 澳元起
诺玛兹西点背包客酒店	412 Pitt St., Sydney	www.nomadsworld.com	24 澳元起

购物

在很多旅行者的眼中，悉尼同样是一个购物天堂。悉尼有很多大型商场、购物中心，以及特色集市，主要的购物地集中在岩石区、达令港、乔治区、伊丽莎白街，商店的营业时间一般情况下为周一至周五 09：00 ~ 17：30，周四会到 21：00，也有一些商店则是每日营业。此外，每年的圣诞节后至次年的 1 月，以及七八月份冬季的尾声，是悉尼的打折季。

在悉尼值得购买的东西主要是一些澳大利亚本土设计的时尚商品及一些澳大利亚特色的东西。澳大利亚有很多本土设计品牌，在国际上都很有名气，如 Wayne Cooper、Collette Dinnigan、Akira isogawa、Liza Ho/Oroton 和 Easton Pearson 等，它们的商品在悉尼的一些商场就可找到。

■ 悉尼购物地推荐 ■

彼得街

🏠 Pitt St., Sydney

🚇 坐地铁可在市政厅 (Town Hall) 站或 St James 站下车

彼得街 (Pitte Street) 与纽约第五大道、巴黎香榭丽舍大道、香港铜锣湾及伦敦牛津街共称为全球五大顶尖名牌"朝圣地"。悉尼的很多商店都分布在此地区，是名牌精品的荟萃之地，有 Grace Bros、Centrepoint Arcade、kygarden、The Glasshouse、David Jones、The Strand Arcade 等著名的购物中心，这里的 Chanel、Christian Dior、Gucci、Louis Vuitton、Armani 等国际顶尖品牌商品与国际上同步上市。

维多利亚女王大厦

🏠 455 George St., Sydney

📞 02-92656800

🚙 乘坐 412、413、431、433、436、L38 等公交车，在 George St Near Market St 站下车即可

🕐 周一至周三、周五、周六 10：00 ~ 18：00，周四 10：00 ~ 21：00，周日 11：00 ~ 17：00

@ www.qvb.com.au

维多利亚女王大厦 (Queen Victoria Building) 是悉尼的顶级购物热点，也是悉尼规模最大、外形最壮观的百货商厦，有近 200 家店铺，主要销售最优质的品牌和名设计师设计的服饰，大厦上层以珠宝及古董商店为主。

Glebe Market

🏠 9-25 Derwent St.,Glebe,Sydney
📞 02-42377499
⏰ 周六 10:00 ~ 17:00
@ www.glebemarkets.com.au

这个市场主要出售的是二手衣物,这些衣物大多是款式过时的品牌,但质量上乘,价格便宜。

帕丁顿市集

🏠 395 Oxford St.,Paddington,Sydney
🚌 可乘坐 333 路公交到 Oxford St Near Jersey Rd 可到
⏰ 周六 9:00 ~ 16:00

帕丁顿市集 (Paddington Bazaar) 每周六开放,共有 200 多个摊位,出售手工艺品、皮制品、饰品、珠宝设计、各种杂货等,是当地居民喜欢光顾的地方。

达令港

🏠 101/1-5 Wheat Rd., Darling Harbour,Sydney
📞 02-92408500
🚌 乘城市铁路至 Town Hall 站下,从南出口沿着 Bathurst St 徒步即可到达,或乘巴士至 Market St、Park and Druitt St、Bathurst St、Liverpool St 站下皆可
@ www.darlingharbour.com

达令港 (Darling Harbour) 附近有 120 多家商店出售包括服装、首饰、花卉、皮具、原住民艺术品、手工玻璃制品等在内的商品,价格公道且有特色。港口购物中心是这里的著名商店。

岩石区假日市集

🏠 110 George St.,Sydney
📞 02-92408500
🚌 从中央火车站乘坐市区环线 5 分钟即可抵达环形码头;从市区乘坐 311、433 路公交车在 Argyle St Near Harrington St 站下车步行
⏰ 周日 10:00 ~ 17:00
@ www.therocks.com

岩石区假日市集 (The Rocks Market) 约有 140 个摊位,出售手工艺品、饰品、珠宝、陶瓷器、木雕、香水、玩具等,是购买纪念品的好地方。

娱 🎤 乐

　　悉尼娱乐方式与娱乐地点的选择非常多。你可以选择扬帆出海、攀桥、游艇观光、热气球巡游等较刺激的方式；也可以在达令港或岩石区随便找一家酒吧坐坐，或者去乔治街选一个电影院看一场精彩的电影。

邦迪海滩

🏠 **Queen Elizabeth Drive,Sydney**

🚌 乘 333、362、380、381、382 等路公交车到 Campbell Parade Opp Hall St 站下即可

🕐 全天开放

@ www.bondibeach.com

　　如果要了解当地人是如何享受生活的话，最好的方法就是到邦迪海滩（Bondi Beach）。邦迪在澳大利亚原住民语里意为"碎石浪"，非常恰当地描述了这个海滩的情景。这里无论在夏季或冬季，都是悉尼的精华所在，海滩的生活非常舒适，每逢阳光明媚的日子，许多悉尼人就会聚集在邦迪海滩上享受阳光的沐浴。邦迪海滩与悉尼的其他海滩一样，海浪很大，不太适合游泳。趴在海滩上晒太阳或冲浪是最好的娱乐方式。

IMAX Thea— tre Sydney

🏠 31 Wheat Road,Darling Harbour
📞 02—92813300
🕙 10:00 ~ 22:00
@ www.imax.com.au

IMAX Theatre Sydney 号称全球屏幕最大的影院，是看立体电影的最佳去处。这里的银幕达 8 层楼高，加上高分辨率的影像及强劲的音乐，使人完全投入到电影的故事情节之中，逼真得犹如置身现场。电影院的广告上有一句话：Experience it in IMAX，这就告诉人们 IMAX 影片是需要去感受的，而不仅仅是观看。

悉尼娱乐中心

🏠 35 Harbour St.,Darling Harbour
📞 02—93204200
🕙 周一至周五 09:00 ~ 17:00，周六 10:00 ~ 13:00
@ www.sydentcent.com.au

悉尼娱乐中心 (Sydney Entertainment Centre) 有 1 万多个座位，音响效果非常完美，经常会有音乐会在这里举行。除了音乐会外，这里还时常上演舞台剧、戏剧，以及运动比赛。

New Brighton Hotel

🏠 71 The Corso,Manly
📞 02—99773305
@ www.newbrightonhotel.com.au

离曼利码头不远的 New Brignton Hotel，是一家埃及式酒吧，房子很古老，具有很浓厚的古韵。这里本是曼利人在夏日傍晚小酌的好去处。

Part 2 堪培拉

无需门票，体验堪培拉"心"玩法

1 · 热闹的节日活动 ·

节日活动信息			
名称	**日期**	**举办地**	**简介**
改装跑车索美娜汽车节	1 月	堪培拉展览公园	赛车展览，汽车种类很多，还有许多激情四射的表演，如狂飙和驾驶赛、乐队表演等
灯光节	3 月	堪培拉	用灯光装饰整座城市，堪培拉的许多标志性景点都会披上美丽的灯光，同时还有许多现场演出
松露节	7 月	堪培拉及周边	以松露为主题的美食节，可以品尝到世界顶级美味，还可以学习松露培植的知识
花卉节	9 ~ 10 月	堪培拉	澳大利亚最大的花卉节，盛开的鲜花使整个堪培拉生机勃勃，另外还有许多有趣的活动

Part 2 堪培拉
堪培拉市区

2·免费资讯助你游·

堪培拉游客信息中心	
服务内容	提供和这座城市相关的大量信息，能给你带来很好的帮助
地址	330 Northbourne Ave.,Canberra
电话	01–300554114
交通	乘坐 30、31、50、52 路公车至 Northbourne Av Visitors Centre 站下车
开放时间	周一至周五 09:00 ～ 17:00，节假日 09:00 ～ 16:00
网址	www.visitcanberra.com.au

Part 2 堪培拉
堪培拉市区

3·不要门票怎样能玩 High·

不花1分钱 游览堪培拉的线路

伯利·格里芬湖：感受堪培拉最具代表性的景点，欣赏美丽的喷泉

乘坐 7 或 934 路公交车

澳大利亚国家博物馆：在精彩的展览中了解有关澳大利亚的知识

乘坐 81、981 路公交车

皇家植物园：在美丽的植物园中享受悠闲时光

乘坐 2、3 路公交车

议会大厦：风景优美的政治中心，非常有意义的旅行

零元游堪培拉市区

澳大利亚国立大学（**Australian National University**）是澳大利亚唯一由联邦国会单独立法而创立的大学，是澳大利亚最好的三所大学之一。澳大利亚国立大学占地约1.5平方公里，校园内拥有超过200栋的建筑与10000棵树木，成功将学院气氛和自然环境融合在了一起。你可以在阳光充足的下午漫步于美丽的校园中，感受一下世界顶尖的学府气息，体验它带给你的独特感受。

旅游资讯

🏠 The Australian National University, Canberra ACT 2601

🚐 从市中心City Bus Station 步行10分钟可到

📞 02–61255111

@ www.anu.edu.au

伯利·格里芬湖（**Lake Burley Griffin**）是一个巨大的人工湖，是堪培拉最具代表性的景点之一。格里芬湖最负盛名的便是喷射式喷泉，这是为纪念库克船长而建造的喷泉。喷泉喷发时，从湖底喷出的水柱高达147米，站在全城的任何地方，都可以看到高大亮丽的白色水柱直冲蓝天。此外，格里芬湖景色也非常优美，碧波荡漾，湖域辽阔，乘船泛舟其上，怡然自得。

不要门票也能 High

喷泉喷水的时间是每天的11:00 ～ 16:00，格里芬湖畔联邦公园的雷加塔角（Regatta Point）瞭望台是观赏喷泉的最佳位置。

Part 2 堪培拉
堪培拉市区

2
· 伯利·格里芬湖 ·

旅游资讯

🏠 Parkes Pl., Lake Burley Griffin, Canberra

🚌 乘坐公交7路至 Lennox Crossing National Museum 站下车即到

◎ 14:00 ～ 16:00

@ www.canberracruises.net

澳大利亚国家博物馆（**National Museum of Australia**）是澳洲第一个反映澳洲历史的社会性博物馆。博物馆内有5个永久性的展览，分别以国家和民族、地平线、永恒、缠结的命运和最早的澳洲人为主题，展示了自澳大利亚建国以来对澳大利亚产生重要影响的人和事。博物馆的建筑风格独特，极具建筑美学，另外，馆内的许多知识是以视频再现为主，所以非常有趣，一定能让你不虚此行。

不要门票也能 High

博物馆里最有趣的要数那些历史名人的塑像，墨尔本的第一个淘金客，第一个完成从伦敦到悉尼直航的船长，还有澳大利亚第一个选美小姐等，这些人物大多都通过生动的雕塑再现出来，非常有趣。另外，馆内还会播放多媒体小电影，想要详细了解澳大利亚历史的可千万不要错过。

Part 2 堪培拉
堪培拉市区

3
· 澳大利亚
国家博物馆 ·

旅游资讯

🏠 Lawson Crescent, Acton Peninsula, Canberra

📞 02-62085000

🚌 乘坐 7 或 934 路巴士前往

@ www.nma.gov.au

Part 2 堪培拉
堪培拉市区

4

**·澳大利亚
国立美术馆·**

旅游资讯

🏠 Parkes Pl.,
Canberra
📞 02-62406411
🚌 乘坐2路、3
路、80路等公交车
在 King Edward Tce
before Bowen Dr 站
下可到
◎ 10:00～17:00
@ nga.gov.au

澳大利亚国立美术馆（**National Gallery of Australia**）是一个大型展览馆，收藏有超过10万件展品，包括澳大利亚人从殖民时代到现在的艺术品、原住民文化的展品等，另外还展示有亚洲及其他国家的艺术品。这里的作品，既有艺术家们的珍品，也有澳大利亚本土人士精心制作的海报，这些在别的地方是很难看到的。

🏖 不要门票也能 High

澳大利亚国立美术馆的印度次大陆展厅里收藏着许多精美的艺术品，是除印度本土外印度藏品数量最多的地方之一。散步在美术馆的雕塑花园里，可以一边畅游在美丽的花卉中，一般欣赏精美的雕塑、绘画、摄影等作品。需要注意的是，澳大利亚国立美术馆是不允许拍照的。

Part 2 堪培拉
堪培拉市区

5

**·澳大利亚联
邦高等法院·**

旅游资游

🏠 Parkes Pl.,Canberra
📞 02-62706811
🚌 乘坐2路、3路、
80路等公交车可到
◎ 周一至周五09:45～
16:30，节假日不开放
@ www.hcourt.
gov.cn

澳大利亚联邦高等法院（**High Court of Australia**）就在澳大利亚国立美术馆对面，是一座富丽堂皇的建筑。法院前厅的天花板高24米，主审判室同样很高，给人一种庄严肃穆的感觉，内部华丽的装饰却又让一切变得不那么死板。

🏖 不要门票也能 High

澳大利亚联邦高等法院最吸引人的地方便是这里的一部分法庭审判是可以旁听的。另外，法院墙壁上的壁画和精美的油画也非常具有观赏价值。

澳大利亚图书馆 〔National Library of Australia〕
是澳大利亚最大的图书馆，建筑风格为罗马式的现代建筑，共有44根十字形的白色大理石柱围绕四周。馆内装修精致淡雅，充满文艺气息。澳大利亚藏书馆藏书约有400万册，涉及种类繁多，另有10万多种来自世界各地的期刊和报纸，甚至还有库克船长的航海日志。

Part 2 堪培拉
堪培拉市区

6
·澳大利亚图书馆·

旅游资讯

🏠 Parkes Pl., Canberra
📞 02-62621111
🚌 乘坐2路、3路、934路、935路巴士可到
◎ 周一至周四 09:00 ～ 21:00，周五、周六 09:00 ～ 17:00，周日 13:30 ～ 17:00
@ www.nla.gov.au

堪培拉使馆区 〔Diplomatic Missions〕是80多家外国政府的领事馆和一些国际组织的办事机构所在地，其建筑都带有鲜明的民族特色。形似故宫的中国使馆很有特色，黄瓦绿篱，更像是一个美丽的庭院。美国的大使馆则是一座由弗吉尼亚砖建造而成的

乔治亚式建筑，典雅有序。另外，其他国家的大使馆也有其独特的风格。这里就像一个世界建筑展览一般，喜爱建筑的朋友一定不要错过。

Part 2 堪培拉
堪培拉市区

7
·堪培拉使馆区·

旅游资讯

🏠 Yarralumla Diplomatic missions, Canberra
🚌 乘坐28路、63路、225路公交车至 State Cir before Adelaide Ave 站下车

067

8

澳大利亚国家植物园

旅游资讯

🏠 Clunies Ross
St.,Canberra
📞 02-62509540
🚐 乘坐81路、981
路公交车可到
⏱ 2~12月08:30~
17:00；11月周一至周五
08:30~18:00，周六、
周日08:30~20:00
@ www.anbg.gov.au

澳大利亚国家植物园（Australia National Botanic Gardens）是澳大利亚最大的原生种植物库，也是澳大利亚重要的植物学研究资源之一。植物园内共有6200余种澳大利亚特色植物，包括澳大利亚的国花金合欢，以及桉树、澳大利亚蒲葵等特色植物。另外，澳大利亚国家植物园内还设有游乐场，可供小孩子游玩。

🟫 **不要门票也能 High**

　　植物园内的游乐场很像个主题公园，有很多家长带着孩子来爬"橡子"小屋，但攀爬时一定要注意安全。此外，这里还有免费导游，可以为你介绍植物园的情况，例如介绍一些珍稀植物。

9

皇家铸币厂

旅游资讯

🏠 Denison St.,
Deakin,Canberra
📞 02-62026999
🚐 乘坐2路公车
至 Denison St after
Strickland Cr 站下车
⏱ 周一至周五
08:30~17:00；周
六日和法定假日
10:00~16:00；圣诞
节和耶稣受难日不开放
@ www.ramint.gov.au

皇家铸币厂（Royal Australian Mint）是澳大利亚最大的铸币机构。在这里可以观看澳大利亚硬币的制作过程，厂内的国家硬币收藏展览厅有具有历史意义的罕见硬币和最新收藏的硬币，感兴趣的不妨了解一下。另外，在这里的硬币商店里，还可以自己动手制作一枚属于自己的硬币。

议会大厦（**Parliament House**）位于首都山的山顶上，非常雄伟壮观，有人说它的地理位置很好地体现了它的权力。议会大厦分为上方的参议院和下方的众议院两部分，大厦的上方还有一个高达 81 米的旗杆，直插云霄。议会大厦除了是行政权和立法权的核心所在外，也是一座非常美丽的建筑，它成功地将建筑艺术、园林艺术、工艺美术和装饰艺术完美地结合起来，令到此的游客赞叹不已。

不要门票也能 High

议会大厦开会时，14:00 后一般为议会质询时间，游客可以申请旁听。旁听参议院会议质询要拨打 02-62774889 提前预约，而旁听众议院质询则不需要预约。另外，在议会厅开会时是不允许拍照的。

国家肖像美术馆（**National Portrait Gallery**）是专门为了展示原住民艺术品而设计的画廊，展品包含澳大利亚雕塑作品和重要人物、重要事件的摄影作品以及各个领域杰出人物的肖像画，你可以在这里了解到许多历史伟人的经历。

Part 2 堪培拉
堪培拉市区

10

· 议会大厦 ·

旅游资讯

🏠 Parliament Drive, Canberra

📞 02-62777111

🚌 乘坐 2 路、3 路公车 至 Parliament Dr Parliament House 站下车

◎ 周一、周二、周五到周日 09:00 ～ 17:00；周三、周四 08:00 ～ 17:00

@ www.aph.gov.au

Part 2 堪培拉
堪培拉市区

11

· 国家肖像美术馆 ·

旅游资讯

🏠 King Edward Terrace, Canberra

📞 02-73060055

🚌 乘 坐 2 路、3 路、94 路、935 路至 Parkes Pl John Gorton Building 站下车

◎ 10:00 ～ 17:00

@ www.portrait.gov.au

Part 2 堪培拉
堪培拉市区

12

• 圣公会诸圣堂 •

旅游资讯

🏠 Corner Cowper & Bonney St.,Canberra

📞 02-62417420

🚌 乘坐 7 路、939 路公交车在 Cowper St opp All Saints Church 下车即到

🕐 周六至周日 09:00～15:30

@ www.allsaintsainslie.org.au

Part 2 堪培拉
堪培拉市区

13

•堪培拉铁路博物馆•

旅游资讯

🏠 Geijera Place, Canberra

📞 02-62396707

🚌 乘坐 252 路公交车在 Canberra Railway Station Kingston 下车,步行可到达

🕐 周一至周四 09:00～21:00;周五至周日 10:00～20:00

@ www.trains.org.au

圣公会诸圣堂(**All Saints Church**)是一座精致漂亮的教堂,规模虽小,但却是附近许多信徒的信仰中心。这座教堂的来历并不简单,它曾是悉尼鲁克伍德墓园火车站的一部分,后来火车站被精心拆卸,石头也被运至于此,修建了现在的圣公会诸圣堂。这里有美丽的彩绘玻璃和传统的管风琴演奏,感兴趣的游客不妨前来欣赏一下。

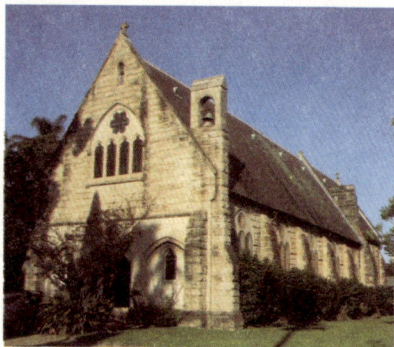

堪培拉铁路博物馆(**Canberra Railway Museum**)主要展示了澳大利亚机车、客车、货车、轨道机械和铁路等交通工具悠久的历史文化,其中有许多展品极富价值,这也是了解澳大利亚交通历史的必去之地。在这里你能看到澳大利亚最古老的蒸汽机车加拉特机车,也能看到澳大利亚曾经最大和最强马力的蒸汽机,此外,还有其他蒸汽机车、柴油机和车厢等见证澳大利亚交通史的展品。

国家图像和音响史料馆（**National Film & Sound Archive**）中保留了许多古老的收音机、录音机、电影、电视和唱机等，都是一些非常值得怀念的东西。漫步在这里仿佛能感受到当时的生活气息，而对于一些收藏爱好者来讲，这里无异于是一个天堂。通过欣赏这些令人怀念的艺术品，再一次将思绪一带到那个令人回味的年代中。

坎贝尔（**Campbell**）是堪培拉的一个小镇，原来用于军队的驻扎。小镇的环境非常安静祥和，漫步在这里非常悠闲。小镇上的建筑都各有风格，有上百处的建筑年代超过 1 个世纪。如果在堪培拉想要安静地度过一段悠闲时光，那么这里便是你的不二选择。

Part 2 堪培拉
堪培拉市区

14
· 国家图像和
音响史料馆 ·

旅游资讯

🏠 Australian Capital Territory, Acton
📞 02-62482000
🚌 乘坐 3 路或 7 路公交车在 Liversidge after Ellery Cr 站下车，步行前往
◎ 周一至周六 10:00 ~ 17:00；周日 11:00 ~ 18:00
@ www.nfsa.gov.au

Part 2 堪培拉
堪培拉市区

15
· 坎贝尔 ·

旅游资讯

🏠 Campbell, Canberra
🚌 乘坐 4 路、5 路、11 路、200 路 在 Constitution Ave after Creswell St 下车

零元游堪培拉周边

斯特姆洛森林公园（**Stromlo Forest Park**）是世界一流的多功能休闲运动场地，这里既有市民在此运动，也有专业的运动员在这里练习。公园内设有专用活动场馆、环形公路赛自行车赛道、草地越野跑道以及适合各级别车手的山地自行车赛道。另外，这里的风景也十分漂亮，来这里悠闲散步，或看一场激烈的比赛也是不错的选择。

Part 2 堪培拉
堪培拉周边

1
• 斯特姆洛森林公园 •

旅游资讯

🏠 Uriarra Rd., Canberra
📞 02-62566700
🚌 乘坐 25 路、725 路、925 路公交车在 Eucumbene Drafter Hindmarsh Dr 站下

Part 2 堪培拉
堪培拉周边

2
• 纳玛吉国家公园 •

旅游资讯

🏠 aas Rd.,Paddys River
📞 02-62072900
🚌 从堪培拉市区驾车约需 1 小时
🕐 周一至周五 09:00～16:00；周六、周日 09:00～16:30

纳玛吉国家公园（**Namadgi National Park**）风景优美，自然生态环境非常好，可以看到许多野生的动物和珍稀植物。另外，原住民在这里创造了许多令人叹为观止的岩石艺术。公园内非常适合徒步旅行，一路上景点众多，有壮阔的宾百利荒原，也能看到疏花桉树林和高山岑树林。如果想与大自然来一场亲密的接触，这里绝对是你不容错过的好地方。

堪培拉·旅游资讯

交 🚗 通

✦ 飞机 ✦

堪培拉国际机场位于堪培拉东部，是一座服务于堪培拉和昆比恩的机场。从中国到达堪培拉需要从悉尼、墨尔本、布里斯班等地中转。该机场现在提供的多是澳大利亚国内航空服务，多数都是往返澳大利亚东部的航班。从堪培拉国际机场到市区可以乘机场巴士、市区专线和出租车等交通工具到达。

堪培拉国际机场信息	
电话	02-62752222
交通	1. 机场巴士 　　机场巴士在城市中心地区的中转站、饭店、城市背包客住宿地、皇冠广场等地方停靠，可直达市区。单程约25分钟，票价为7澳元 2. 市区专线 　　市区专线是机场直达堪培拉市区的公共交通工具，周一至周五24小时运营，票价便宜，方便舒适，单程仅15分钟，票价为12澳元 3. 出租车 　　从机场到市区有很多出租车往来，非常方便。车程10分钟左右，费用15～20澳元
网址	www.canberraairport.com.au

目前没有飞机从中国直达澳大利亚堪培拉，为了节省时间，可以选择从北京、上海、广州和香港等地乘坐直达悉尼、墨尔本、布里斯班的航班，然后转机至堪培拉。下表列举了一些中转航班，你可根据自己的需求选择。

中国到堪培拉的中转航班资讯

航空公司	航班号	路线	中转城市	停留时间	转乘航班	起飞时间	到达时间
澳大利亚航空	QF130	上海（浦东机场）→悉尼→堪培拉	悉尼	1 小时45 分钟	澳大利亚航空 QF1419	20:05	次日12:20
东方航空	MU737	上海（浦东机场）→墨尔本→堪培拉	墨尔本	2 小时5 分钟	澳大利亚航空 QF848	20:15	次日13:10
中国国航	CA173	北京→悉尼→堪培拉	悉尼	2 小时25 分钟	澳大利亚维珍航空 VA640	17:00	次日11:05
南方航空	CZ325	广州→悉尼→堪培拉	悉尼	2 小时	澳大利亚航空 QF1419	21:00	次日12:20
澳大利亚航空	QF128	香港→悉尼→堪培拉	悉尼	1 小时40 分钟	澳大利亚航空 QF1471	19:45	次日10:25
国泰航空	CX103	香港→布里斯班→堪培拉	布里斯班	30 分钟	澳大利亚航空 QF1545	19:25	次日11:25

火车

　　火车也是通往堪培拉的主要交通工具之一，堪培拉的区域火车主要承担与悉尼、墨尔本、布里斯班等地的客运服务。悉尼每天有 3 班发往堪培拉的火车，行程约需 4 个小时，经济舱票价在 56 澳元左右，头等舱票价为 80 澳元左右。而从堪培拉到墨尔本每天则只有 1 班火车，而且路程较为曲折，需要先从堪培拉乘坐长途汽车到南高地的 Yass，再换乘去墨尔本的区域火车，全程需要 9.5 小时，经济舱票价为 107 澳元左右，头等舱票价为 146 澳元左右。堪培拉区域火车票价也会随着淡旺季的变化而提供 15% ～ 30% 的折扣，主要根据学生假期而定。

　　在 Canberra 站可以乘坐 80 路、200 路、251 路、252 路、255 路、259 路等公交到达堪培拉市区，也可在 Wentworth Av Railway Station 乘坐 765、767、755 路公交到达堪培拉市区
@ www.railaustralia.com.au

长途汽车

堪培拉的长途汽车非常方便，从澳大利亚各大城市所发出的所有长途汽车均到达位于城区中心的 Jolimont Center。从悉尼往返堪培拉的汽车每小时一班，全程约 3.5 小时，提前预订车票的话会有相应的优惠。墨尔本和堪培拉之间一天有两班长途汽车，全程约需 9 小时左右。

🚌 在 City Bus Stn Plt 7 站乘坐 1 路、2 路、3 路、4 路、5 路、7 路、8 路、40 路、934 路、936 路、940 路巴士可到达堪培拉市内

市内交通

堪培拉的交通建设非常科学，你几乎可以乘坐公共交通到达任何一个地方，而且城市还设置了免费观光车，这对来堪培拉游玩的游客是一项非常便捷的福利。

公交车

堪培拉的公交网络比较发达，人们可乘坐公交车前往堪培拉的其他地方。Action 公交在堪培拉有 Belconnon、Woden、Tuggeranong 和中心车站 4 个车站，车票上车购买。堪培拉公交车的票价按次数计算，可购买单程票也可购买日票，日票在当日内都可使用。关于公交车的路线图和时间表可在 East Row 的信息亭获取。

观光巴士

在堪培拉市内，旅游巴士线路几乎覆盖了所有地方。每周一至周五都有免费电车穿梭于市区各地，主要观光区之间也常有观光巴士来往。

出租车

除公交车外，出租车就是堪培拉市内的主要交通工具了。在街上你无法直接搭乘出租车，需要到专门的出租车等候点乘坐或电话预约。如果是在网上预约或周末乘坐，出租车的车费会更高。

城中电车

城中电车（Downtowner Tram）逢周一至周五，免费提供环绕市中心商业区的电车服务。

自行车

自行车骑行是一种简单、环保、健康的旅行方式，其有助于减少城市的交通压力，减少能源的消耗和污染，同时骑自行车旅行更自由、方便。

自行车租借信息			
名称	电话	网址	价格
Mr Spokes Bike Hire	02-62571188	www.mrspokes.com.au	15 澳元 / 小时，25 澳元 / 半天，35 澳元 / 天
Rowns Ride	02-0410547838	无	39 澳元 / 天，95 澳元 / 周

美食

来到堪培拉这座美食乐园，你的脑海中一定会有很多想要品尝的美食。无论是当地的特色海鲜，还是独具风味的路边小摊，在堪培拉，每一样美食都会让你垂涎三尺。如果想念家乡的味道，便可到中餐厅去。此外，来到堪培拉，一定要品尝当地的特色美食，了解堪培拉的美食文化，比如奶酪，当地人们几乎每天都会将奶酪夹在面包等食物里面一起品尝，奶酪特别的鲜滑可口，而且各种口味的都有。

■ 堪培拉餐厅推荐

费加罗意大利餐厅

🏠 17Kennedy St.，Kingston

📞 02-62326922

费加罗意大利餐厅（Fiagro Restaurant）虽然规模不大，但十分安静幽雅，是能让你静静地享受美餐的地方。这里经营的纯正意大利传统菜肴非常受欢迎，招牌菜是比萨和甜点，如巧克力蛋糕、蛋奶酥、冰激凌等，味道都非常好。餐厅每天营业，提供午餐和晚餐，可以提前预订座位。

新上海中国餐厅

🏠 2/35 Childers St.，Canberra

📞 02-62628884

新上海中国餐厅（New Shangai Restaurant）是堪培拉最受欢迎的中国餐厅之一，餐厅装饰朴素的同时又处处透露着雅致，并有温馨怡人的氛围。其招牌菜有脆辣牛肉、上海风味炒面、香浓鸡汤等。这里的开胃小菜、主菜和餐后甜点搭配完美，令人回味无穷。此外，餐厅还提供周到的外卖服务。

宝莱坞玛莎拉印度餐厅

🏠 Challis St.,Dickson,Canberra
📞 02-62577333
@ www.bollywoodmasala.com.au

宝莱坞玛莎拉印度餐厅（Bolly-wood Masala Restaurant）柔和的灯光和美妙的音乐营造了一种浪漫氛围。餐厅招牌菜有黄油咖喱鸡和咖喱羊肉，还有美味的烤蘑菇等。另外，店内的印度薄饼和甜点都是不容错过的美味。

阿尔岱雪法国餐厅

🏠 222 City Walk,Canberra
📞 02-62304800

阿尔岱雪法国餐厅（Ardeche Restaurant）主营法国美食，其内部装饰时尚典雅，就餐氛围轻松愉悦，当然也少不了法式的浪漫风情。餐厅的经典菜包括蒜香干煎蜗牛、红酒炖鸡、焦糖布丁、橙汁烤鸭、海鲜汤等。除了澳大利亚本地酒外，餐厅还特供法国美酒。

堪培拉其他餐厅推荐

名称	地址	电话	风味
Tandoor Indian Restaurant	Chandler St.,Canberra	02-62531733	印度菜
Wild Duck	Shop 77-78, 71 Giles St., Canberra	02-62327997	中餐
Courgette Restaurant	54 Marcus Clarke St., Canberra	02-62474042	澳大利亚菜
Koko Black	Canberra Centre, Canberra	02-62304040	甜品店
Wasabii Teppanyaki Restaurant	U 71/2 Cape St. Dickson 2602, Canberra	02-62958777	日本料理

住宿

堪培拉作为澳大利亚首都及著名旅游城市，住宿地有很多选择，主要集中在罗斯曼大街，高级酒店、度假村酒店、自助式公寓、青年旅舍等应有尽有。

♛ 品尼克公寓式酒店

🏠 2 Dind St., Canbrra
📞 02-99640697
@ www.thepinnacle.net.au

品尼克公寓式酒店 (Pinnacle Apartments) 距离堪培拉市中心 2.8 公里，其自助式客房配有设施齐全的厨房（内配备有炉灶、微波炉和洗碗机）、私人阳台和休息用餐区。酒店内还设有室外游泳池、健身中心和烧烤设施，同时提供免费停车场和免费无线网络连接。

东方酒店及公寓

🏠 69 Canberra Ave., Canbrra
📞 02-62956925
@ www.easthotel.com.au

东方酒店及公寓 (East Hotel and Apartments) 距离堪培拉市中心 7 公里，距离澳大利亚国立美术馆仅 5 分钟车程。酒店内设有餐厅、酒吧、健身中心和全天候提供服务的前台。所有客房都有配有咖啡机的厨房，入住该酒店的客人可以在大堂休息区享用咖啡并阅读杂志，借此放松身心。

堪培拉 QT 酒店

🏠 1 London Circuit, Canberra
📞 02-62476244
@ www.qtcanberra.com.au

堪培拉 QT 酒店 (QT Canberra) 坐落在堪培拉市中心，位于伯利·格里芬湖 (Lake Burley Griffin) 畔，酒店大堂提供免费无线网络连接。QT Canberra 酒店的客房重新装修后，显得洁净无瑕，还享有城市或湖泊的美景，并提供阳台、符合人体工程学的书桌、迷你吧以及全天候客房服务，非常适合工作或休闲。

堪培拉美居酒店

🏠 Limestone Ave., Canberra
📞 02-62430000
@ www.accorhotels.com

堪培拉美居酒店 (Mercure Canberra) 的宽敞客房结合了 20 世纪的魅力和现代化的舒适设施，比如无线网络连接。酒店地处中心的位置，驾车仅需几分钟便可抵达市中心，如堪培拉会展中心 (Canberra Convention Centre)。酒店的所有客房都装饰典雅，配有连接浴室和空调。前台为客人提供全天 24 小时服务，如洗衣和机场接送服务。此外，酒店设有免费私人停车场。

堪培拉其他住宿地推荐				
中文名称	英文名称	地址	网址	电话
堪培拉雷克斯酒店	Canberra Rex Hotel	150 Northbourne Ave.,Canbrra	www.canberrarexhotel.com.au	02-62485311
迪克森品质酒店	Quality Hotel Dickson	Badcham St., Canberra	www.choicehotels.com.au	02-62474744
堪培拉阿利雅酒店	Aria Hotel Canberra	45 Dooring St., Dickson,Canbrra	www.capitalhotelgroup.com.au	02-62797000
福雷斯特公寓酒店	Forrest Hotel & Apartm-ents	30 National Circuit Forrest, Canbrra	www.forresthotel.com	02-62034300

购物

堪培拉有很多不可错过的购物地，从顶级的奢侈品店、奇珍异宝店，到价格实惠到让人恨不得把所有物品都带回家的集市、百货商场，应有尽有。走在堪培拉的街上，很少有空手而归的情况出现。只是作为新城，购物地点大多人比较少，远没有墨尔本和悉尼那样热闹，不过正好满足了游客的心愿，不用在人山人海的购物商场拥挤着挑选商品。

■ 堪培拉购物中心

堪培拉购物中心
🏠 Bunda St.,Canberr
📞 02-62475611

堪培拉购物中心（Canberra Centre）是堪培拉最大的购物中心，有各式各样的商店，出售许多由设计师设计的时装、丛林衣饰、珠宝、工艺品和手工制品。此外这里还有咖啡厅、餐馆、电影院、食品超市等店铺，内部还有随处可见的顾客休息处。此外，底层大厅有轮椅和婴儿车出租。

堪培拉奥特莱斯购物中心

🏠 337 Canberra Ave.,Canberra
📞 02-61126222
@ www.canberraoutletcentre.com.au

堪培拉奥特莱斯购物中心（Canberra Outlet Centre）是汇聚了 100 多个澳大利亚和国际大牌的奥特莱斯店。购物中心内的当地品牌很便宜，有的商店折扣价低至 3 折，让人忍不住想血拼。

旧公车站集市

🏠 21 Wentworth Ave.,Canberra
📞 02-62928391
@ www.obdm.com.au

旧公车站集市（Old Bus Depot Markets）是堪培拉的一个高级周日集市，只有在每周日才开放，200 多个摊位出售包括服装、家具用品、艺术品、首饰、葡萄酒、咖啡豆等在内的商品。如果你恰好周日的时候在堪培拉，推荐来这购买些特产及工艺品。

朗斯代尔街

🏠 Lonsdale St.,Canberra
🚗 乘坐 56、58 路公交车至 Mort St after Cooyong St 站下车

朗斯代尔街（Lonsdale Street）非常适合父母带着孩子一同前往。带孩子到这里购物游玩一番，能用掉大半天的时间。这个购物街内有个手工艺品商店，在里面可以选到不同特色的工艺品，以及很多孩子玩的玩偶，如毛绒娃娃、木质的玩具、提线木偶等，还有一些好玩古怪的贺卡，这些都足以吸引孩子们的眼球。这条街道两旁都是各色各样的精品店，父母根本不用担心孩子闹情绪，因为他们会玩得不亦乐乎。

娱乐

堪培拉的娱乐活动非常丰富，你可以到这里的酒吧或者俱乐部享受热情而奔放的夜晚，也可以欣赏一场令人沉醉的戏剧，还可以去听一场震撼人心的音乐会。

戏剧

堪培拉剧院中心（Canberra Theatre Centre）位市中心全年都有精彩的表演节目，国会山（Capital Hill）上也有戏剧表演。还有很多上演戏剧的场所，根据季节不同而有不同的节目，并且有街头表演。

堪培拉剧院中心

🏠 Civic Square, London Circuit, Canberra
📞 02-62752700
@ www.canberratheatrecentre.com.au

堪培拉剧院中心为大众提供了一个欣赏世界级艺术的平台，内部表演的有贝尔莎士比亚公司、澳大利亚芭蕾舞团等著名的表演团体。剧院中心由堪培拉剧院、小剧场和后院工作室组成。如果对舞蹈、戏剧、音乐表演感兴趣的话不妨到此欣赏一场世界级的演出，演出票可以通过电话或官网预订。

音乐会

堪培拉音乐学院（Canberra School of Music）经常有音乐会举行，从市内音乐、乡村音乐到另类音乐，可以满足不同游客不同的需要，在 Canberra Times 和社区报纸上都有节目表，可以事先了解一下。

俱乐部

堪培拉人有晚上到俱乐部消遣的喜好，各种俱乐部有为会员、非会员提供设施齐备的餐馆、酒吧等，还有综艺表演等。

Part3 墨尔本
无需门票，体验墨尔本"心"玩法

Part 3 墨尔本
墨尔本市区

1 · 热闹的节日活动 ·

节日活动信息			
名称	日期	举办地	简介
澳大利亚网球公开赛	1月	墨尔本公园	世界顶级的网球赛事，届时可以欣赏到网球大师们的精彩比赛
墨尔本美食美酒节	3月	维多利亚周边地区	规模盛大的美食美酒节，除了能品尝到美味的食物外，还能跟着大厨们学上一手
墨尔本国际喜剧节	3月	墨尔本	世界三大喜剧节之一，可以欣赏到来自世界各地的顶尖喜剧表演者的精彩表演
澳大利亚一级方程式大奖赛	3月	阿尔伯特公园	令人兴奋不已的一级方程式赛车比赛，真实地体验速度与激情
墨尔本国际爵士乐节	6月	联邦广场、墨尔本音乐中心等	爵士乐盛宴，并设有大量的活动，非常的热闹
墨尔本艺术节	9~10月	维多利亚国家艺术馆等	盛大的艺术节，每年吸引25万游客前来，展示了数以千计的艺术家作品
墨尔本杯嘉年华	11月	弗莱明顿赛马场	墨尔本杯嘉年华是一场激动人心的赛马盛会，也是澳大利亚最为盛大的体育和社交活动之一

2·免费资讯助你游·

墨尔本游客中心	
服务内容	在这里你可以领取免费的旅游小册子和地图，购买公交车票，预订住宿，还提供互联网服务。当然还有友好的员工和志愿者解答你对游玩墨尔本的所有疑问
地址	2 Swanston St.,Melbourne
电话	03-96589658
交通	搭乘地铁到 Flinders St 站下车；或者搭乘有轨电车 1 路、3 路、3A 路、5 路、6 路、8 路、16 路、35 路、64 路、67 路、70 路、71 路、72 路、75 路到 Swanston St 站或者 Flinders St 站下车
开放时间	09:00 ~ 18:00，圣诞节不开放
网址	www.vistmelbourne.com

3·不要门票怎样能玩 High·

不花1分钱 游览墨尔本的线路

维多利亚艺术中心： 在高大的艺术中心中感受艺术的魅力

🚋 乘坐 3 路、5 路、8 路、16 路、64 路、67 路有轨电车

皇家植物园： 在繁华的都市公园度过一段悠闲时光

🚋 乘坐 19 路、57 路、59 路、86 路、95 路或 96 路等有轨电车

皇家拱廊： 在特色的街道中享受美好的购物时光

🚋 乘坐 35 路免费城市环路电车

联邦广场： 在墨尔本最著名的地方感受这里的特色风情

🚋 步行前往

维多利亚国家美术馆： 在这座奇妙的建筑中畅游一番，能有不错的感悟

零元游墨尔本市区

Part 3 墨尔本
墨尔本市区

1

· 圣派翠克大教堂 ·

旅游资讯

🏠 1 Cathedral Pl., Melbourne

📞 03-96622233

🚋 乘坐有轨电车在 Albert St 站下

◎ 07:00 ～ 17:50

@ www.cam.org.au

圣派翠克大教堂（St Patricks Cathedral）被称为南半球最大最高的天主教堂。大教堂宏伟壮观，哥特式尖塔高达 100 多米，充分展现了文艺复兴时期的建筑风格。在教堂里面，由直径很大的大理石柱支撑着拱形穹顶，加上细致繁复的彩绘玻璃窗和巧夺天工的木窗、石雕和穹顶雕塑，都让这里变得高雅华丽而不失庄严肃穆。

雅拉河（**Yarra River**）将墨尔本一分为二，是墨尔本市民的骄傲。除了地理上的分界外，这条河在生活上也起到了同样的作用，南北两岸的生活状况有着显著的差别。在这条美丽的河流旁，静静地感受墨尔本的生活；或者找一家岸边的咖啡厅，坐在这里享受悠闲的时光；也可以乘坐游船畅游雅拉河，沿着蜿蜒的河道，感受墨尔本的古典与现代。

联邦广场（**Federation Square**）是墨尔本最为著名的地标之一。广场上的建筑群以抽象的超现实模式呈现，前卫的建筑常常令游客惊叹不已，尤其是当阳光掠过，或阵雨过后，或夜幕降临时，它们的色彩、材质和纹理都会发生美妙的变化，被建筑业内惊为

神作。联邦广场主体结构由 11 座建筑物和一些开放区域组成，包括维多利亚国家艺术馆新馆、澳大利亚移动影像中心、墨尔本竞赛博物馆以及一些饭店、咖啡馆和酒吧等，即富有文化气息，又是一个休闲胜地。

不要门票也能 High

联邦广场是澳大利亚著名的旅游胜地，这里有在璀璨灯光下变得美轮美奂的梦幻建筑，也有一大片开放的砂岩空地，上面耸立的巨大屏幕随时将经过广场的人摄入其中。另外，这里还有许多可以表演的舞台，墨尔本的许多节日和活动庆典都会在这里举行。

Part 3 墨尔本
墨尔本市区
2
· 雅拉河 ·

旅游资讯

Flinders St. Melbourne
04-12502931
乘坐有轨电车在 Albert St 站下
@ yarrariver.melbourne

Part 3 墨尔本
墨尔本市区
3
· 联邦广场 ·

旅游资讯

Corner Swanston & Flinders St.,Melbourne
03-96551960
乘坐 35 路免费城市环路电车至联邦广场下车即到
@ www.fedsquare.com

4
·唐人街·

旅游资讯

🏠 Little Bourke St.,Melbourne
📞 03-96239900
🚌 乘坐 35 路免费城市环路电车在联邦广场下车后步行前往
@ chinatownmelbourne.com.au

唐人街（**China Town**）和悉尼的中国城相比似乎更为繁华，在这里不仅可以享受到中国的美食，还可以欣赏中国的文化艺术。唐人街上的澳华博物馆是澳大利亚规模最大的记录华人移民历史的博物馆，如果想要了解华人移民历史以及他们在这片土地上所付出的努力的话，不妨到此一看。另外，唐人街也是墨尔本娱乐场所的集中地，其周围有常演歌剧的美琪大戏院和数个电影院。

不要门票也能 High

在唐人街上有一些华人开的免税店，在这里可以买到绵羊油、羊毛被、袋鼠皮、巧克力等澳大利亚特产，如果想要买一些纪念品或者是给亲朋好友买一些礼品的话，来这里是个不错的选择。

5
·圣基尔达海滩·

旅游资讯

🏠 Jacka Boulevard, Melbourne
📞 03-92096634
🚌 乘坐 16 路、96 路、112 路电车可到达

圣基尔达海滩（**St Kilda Beach**）是墨尔本最著名的海滩。这里风景如画，设施齐全，而且极具市井气息，一定能让你玩得非常尽兴。你可以在这里漫步，欣赏当地丰富的文化生活，如果运气好的话还可以看到可爱的企鹅。另外，这里的日落也非常的美丽，届时，浪漫的氛围弥漫整个海滩让人久久不愿离去。

弗林德斯街火车站（Flinders Street Station）是澳大利亚最早的火车站，也是墨尔本当地火车线路的总站。火车站建造得很有特色，米黄色的文艺复兴式建筑古老而又亲切，仿佛将你带回到了那个年代。弗林德斯街火车站经常出现在旅游刊物的封面，已成为墨尔本最具代表的旅游地。

■ 不要门票也能 High

在弗林德斯街火车站除了能欣赏美丽的文艺复兴式建筑外，街头艺人弹唱的不知名小调也值得人们驻足。对于每个墨尔本人来说，这里的地位都是无可替代的。另外，附近有许多购物地点，有着浪漫的文艺气息，让这个地方成为了墨尔本著名的约会胜地。

Part 3 墨尔本
墨尔本市区

6

·弗林德斯街火车站·

旅游资讯

🏠 Flinders St.，Melbourne
🚋 乘坐有轨电车1路、3路、5路、35路、64路等到 Flinders St 站下车即到
@ ptv.vic.gov.au

皇冠逍遥之都（Crown Entertainment Complex）是一座顶级的娱乐场所，也是澳大利亚最大的复合式娱乐场所之一。在皇冠逍遥之都内有高级的购物商街、美食街、娱乐场所、豪华酒店、世界级疗养温泉等，是一个名副其实的逍遥之都。除此之外，这里还有许多的免费表演，如大厅的声光音效表演及雅拉河畔的喷火表演等，都是由顶尖设计师设计，非常有水准。

Part 3 墨尔本
墨尔本市区

7

·皇冠逍遥之都·

旅游资讯

🏠 8 Whiteman St.，Melbourne
📞 03-92928888
🚋 乘坐环城免费电车于近 Flinders St 与 Spencer St 交接口下车，步行约5分钟左右
@ www.crownmelbourne.com.au

■ 不要门票也能 High

皇冠逍遥之都内有8根高10米的柱子，白天喷水，到了晚上的时候便会有火球喷出，火舌最高可达10米，非常壮观，是世界上最大的人造火球，夜晚如果来这里的话一定要参观一下。

8
维多利亚艺术中心

旅游资讯

🏠 100 St. Kilda Rd., Melbourne
📞 03-92818000
🚎 乘坐有轨电车1路、3路、8路、16路或64路到Arts Centre 站
◎ 周一至周六 09:00 ~ 20:30，周日 10:00 ~ 17:00
@ www.artscentre melbourne.com.au

维多利亚艺术中心〔**Victorian Arts Centre**〕是墨尔本最大的表演艺术中心，也是墨尔本社会和艺术活动的主要地区。维多利亚艺术中心主要用于大型交响及古典作品演奏会的演出场地。高耸的塔尖直入云霄，远远望去好像一座小型的埃菲尔铁塔。每到夜晚，灯光璀璨，整个艺术中心色彩斑斓，巍峨的高塔散发着迷人的色彩。

🟪 不要门票也能 High

1. 维多利亚艺术中心主要分为三部分：162 米高的尖塔剧院、墨尔本音乐厅、维多利亚国家美术馆，这些地方经常会有演出、展览等。

2. 每周日的 10：00 ~ 16：00 会在维多利亚艺术中心南门举办"周日集市市场"，市场上的东西都非常有澳大利亚特色，例如考拉钥匙链等。另外，市场上还有许多美味的小吃，喜欢美食的朋友不要错过。

9
维多利亚国家美术馆

旅游资讯

🏠 180 St. Kilda Rd., Melbourne
📞 03-86202222
🚎 乘坐有轨电车1路、3路、5路、8路、16路或64路至Southbank Blvd/St Kilda Rd 站下车即到
◎ 10：00 ~ 17：00
@ www.ngv.vic. gov.au

维多利亚国家美术馆〔**National Gallery Of Victoria**〕是澳大利亚最大的美术馆之一，其内收藏着来自澳大利亚、亚洲、欧洲的世界级艺术珍品。另外，美术馆的建筑也非常有特色，从远处望去，就像一座坚实的城堡。美术馆周围还有美丽的喷泉，其内的装饰，有简单明朗的砖石墙，也有璀璨绚丽的琉璃顶，这些都使美术馆本身成为了一尊艺术品，来到这里一定能给你带来一场不虚此行的艺术之旅。

皇家植物园（Royal Botanic Gardens）堪称世界上最美丽且最具名人效应的植物园，它采用19世纪的英式园林风格，至今保留着19世纪的一些建筑和风貌。植物园内的植物种类繁多，多是外来的罕见珍品及澳大利亚当地植物，更有无数的历史名人在园内亲手栽种的纪念树。除了众多植物外，公园内还有大量的野生动物，非常自然和谐。

不要门票也能 High

墨尔本皇家植物园像是墨尔本最豪华的一个后花园。在这里可以体验在原始森林中漫步的感觉，也可以邂逅鳗鱼与黑天鹅等珍贵的野生动物。或者是带上一本书，静静地在这里享受美妙的悠闲时光。此外，园内还经常举办戏剧演出活动，热闹非凡。

Part 3 墨尔本
墨尔本市区

10 皇家植物园

旅游资讯

Birdwood Ave., Melbourne
03-92522300
乘坐3路、5路、8路、16路、64路、67路有轨电车，在Domain Rd Interchange下车，步行前往
@ www.rbg.vic.gov.au

墨尔本公园（Melbourne Park）是著名的澳网公开赛场地，能零距离欣赏天才球员在男女单打和双打比赛中同场竞技，是许多网球爱好者心目中的圣地。除了有世界网球顶级赛事外，公园内也会常常举办各种免费音乐会、DJ秀、音乐节以及狂欢活动。另外，在环境幽雅的公园中悠闲地散步也是一个不错的选择。

Part 3 墨尔本
墨尔本市区

11 墨尔本公园

旅游资讯

Olympic Blvd., Melbourne
03-92861600
乘坐有轨电车70路至MCG-Hisense Arena或Melbourne Park站下车即到

圣保罗大教堂

圣保罗大教堂（St. Paul's Cathedral）是墨尔本市区内最著名的建筑之一。这座教堂以蓝石堆砌而成，墙壁上刻有清晰的纹路，古老而又典雅。后来教堂又加建了三座尖塔，使整个教堂显得更加雄伟。另外，教堂外还有一座为澳洲最早的拓荒者马修·福林德的雕像。教堂内部有华丽的壁画装饰，非常神圣。

不要门票也能 High

如果想要在圣保罗大教堂内拍照留念的话需购买5澳元的许可证。在进入教堂时能听到悦耳的管风琴演奏，肃穆的气氛不禁令人心生敬仰。

墨尔本涂鸦街

墨尔本涂鸦街（Hosier Lane）又名霍西尔巷，是全城涂鸦更换最快的地方。有时仅需一天，整条巷子便焕然一新，令人惊叹不已。走在这条小巷之中，欣赏一幅幅大胆叛逆却又满含深意的涂鸦，是一种非常欢快的体验，如果你也喜爱涂鸦的话，不妨在此也留下一点印记，结交几个志同道合的朋友。

皇家拱廊（**Royal Arcade**）是世界上著名的现存拱廊建筑之一，也是墨尔本历史最悠久的拱廊。皇家拱廊建筑风格独特，街内两旁有许多特色的小店，如塔罗牌商店、本土的手工珠宝店、有制糖表演的糖果店等，经常给游客带来各种惊喜，是墨尔本最具特色的购物地之一。

阿尔伯特公园（**Albert Park**）是每年 F1 大奖赛揭幕仪式的举办场地，也是一座环境优美，可以享受悠闲时光的市民公园。公园中的湖可以说是鸟类的天堂，这里栖息着数量众多的野生鸟类，而且大多都不怕人。另外，公园内还有环湖步道、游乐场、咖啡厅、餐厅、书店、卫生间等设施，能让你安心地在此游玩。

Part 3 墨尔本
墨尔本市区

14

· 皇家拱廊 ·

旅游资讯

🏠 335 Bourke St. Mall，Melbourne
📞 03-96707777
🚌 乘坐 19 路、57 路、59 路、86 路、95 路或 96 路等有轨电车到 Bourke St 或 Elizabeth St 站下即可
@ www.royalarcade.com.au

Part 3 墨尔本
墨尔本市区

15

· 阿尔伯特公园 ·

旅游资讯

🏠 Aughtie Dr.，Albert Park，Melbourne
🚌 乘坐有轨电车 3、3a、5、6、12、16、64、67、72、96、112 路，至 St Kilda 站下车
🕐 周一至周五 08:00 ～ 18:00，周六 09:00 ～ 16:00，节假日 11:00 ～ 15:00
@ www.stpaulscathedral.org.au

Part 3 墨尔本
墨尔本市区

16

· 墨尔本大学 ·

旅游资讯

2/800 Swanston St.,Melbourne

03-90355511

乘坐1路、3路、5路、6路、8路等多辆有轨电车到 University of Melbourne 站下车即可

@ www.unimelb.edu.au

墨尔本大学（**The University of Melbourne**）是澳大利亚最好的三座大学之一。如果你对哥特式的建筑风格很感兴趣的话，不妨来这所大学逛一下。学院内的许多建筑都是哥特式风格，配上绿植和砖石路等，形成了一股典雅朴实的校园气氛。你可以在宁静的校园中悠闲地散步，欣赏这里独特的建筑，感受美妙的学院氛围。

不要门票也能 High

来墨尔本大学，一定要到教学楼和学院楼去看看，非常自由、舒适，每个学院都有自己的小图书馆、自习室和休息区。图书馆的座位非常随意，桌椅摆成了许多有趣的造型，但即使是这样，整个图书馆内还是非常安静。如果想要回味学生时代的话，去教室里听一堂课也是不错的选择。

零元游墨尔本周边

大洋路〔**Great Ocean Road**〕被誉为"世界上风景最美的海岸公路"，是澳大利亚著名的自驾游游览路线，也是欣赏澳大利亚绝美海岸风光的最佳地点之一。这里有许多著名的景点，如奇特的天然石柱十二门徒石、壮丽的贝尔斯海滩、安格勒斯亚等。驾车行驶在这条路上，看着一望无际的碧海蓝天，心情不自觉地也跟着欢快起来。

十二门徒石：是大自然的鬼斧神工造就的绝美奇景。其本质是突出于海面上的十二块岩石，经过常年的海浪冲蚀，被雕琢成酷似人面且表情迥异的岩石群。如今的十二门徒石已有多块被海浪冲倒，但其美丽的风景仍然吸引了许多游客驻足观望。

旅游资讯

🏠 由墨尔本的西南小镇 Torquay，经由洛恩 (Lorne)、阿波罗湾 (Apollo Bay)、Port Campbell 一直延伸到瓦南布尔 (Warrnambool)，总长约 250 公里
📞 03-52831735
@ www.visitgreatoceanroad.org.au

不要门票也能 High

大洋之路适合自驾游的时间为每年 10 月至次年 5 月。另外，天气也是影响旅行感受的重要因素，最好在天空中有少量白云的天气前往，白云碧海蓝天间的大洋之路是最美的。另外，这里的日出日落也是不能错过的景观之一。

Part 3 墨尔本
墨尔本周边

2
· 莫宁顿半岛 ·

旅游资讯

Mornington Pen-insula, Flinders

由墨尔本驾车 1 小时可到

莫宁顿半岛（**Mornington Peninsula**）风景如画，是澳大利亚著名的观光旅游胜地之一。这里与墨尔本相比，风景较为自然，如果感受完墨尔本的时尚与繁华后，不妨来到此地静静地感受自然的魅力。另外，这里还有许多古老的建筑村落和精致典雅的咖啡馆、餐厅，仿佛世外桃源一般。

薰衣草花园：是莫宁顿半岛不容错过的景点。这里不仅能看到美丽的薰衣草花园，还可以在香气弥漫的迷宫之中增添美好的回忆。

树围迷宫：是澳大利亚最古老、最大的传统树围迷宫之一。枝繁叶茂的树木将你包围起来，随着指示牌的指引可慢慢地揭开这座迷宫的神秘面纱，乐趣非凡。

阳光草莓园：是有澳大利亚最大的草莓农场，农场中的特产阳光草莓非常好吃，每年的 11 月至次年 4 月都可以前来采摘。除了香甜可口的阳光草莓外，这里还有用它制成的各种美味的甜点、冰激凌等。

莫宁顿海滩：的沙子细软，海水清澈，海边建造了一排色彩鲜艳的小屋，非常漂亮，在这里冲浪、游泳、划独木舟等都是非常不错的娱乐方式。

菲利普岛 (Phillip Island) 是一个有名的度假胜地，这里有丰富的水上娱乐活动以及美丽的风景，但最有名的却是岛上的小精灵企鹅。对于墨尔本的市民来说，这里是一个名副其实的度假胜地，经常会有市民驾车而来。岛上的小精灵企鹅是世界上最小的企鹅，每当日落时分，便会有成群的企鹅从海上陆续归巢，场面非常有趣。

丹德农山 (Mt Dandenong) 风景优美，降雨量充足而且有肥沃的火山土，因而山上盛产水果、鲜花、蔬菜等。在丹德农山顶的景观台可以俯瞰墨尔本全景和远处的海湾。另外，丹德农山上还有许多高大的树木和环境幽雅的休闲餐厅。丹德农山上还有许多鹦鹉，站在鹦鹉群中，与大自然来一次亲密接触，再美妙不过了。

不要门票也能 High

丹德农山风景美妙，高大的树木令人心生敬畏，山间的新鲜空气令人心旷神怡。许多人来这里都是第一次近距离接触鹦鹉，届时，你的肩膀、手臂甚至头顶上都站着鹦鹉，着实令人难忘。

Part 3 墨尔本
墨尔本周边
3
· 菲利普岛 ·

旅游资讯

🏠 1019 Ventnor Rd.,Summerlands
📞 03-59512800
🚌 从墨尔本市内的南十字星火车站坐 V Line 长途大巴可以到达岛上的小镇考斯
@ www.visitphillipisland.com

Part 3 墨尔本
墨尔本周边
4
· 丹德农山 ·

旅游资讯

🏠 26 Observatory Rd.,Melbourne
📞 03-97510443
🚌 乘坐 688 路或 694 路公交车可达山顶
🕐 周一至周五 09:00～22:00，周六至周日 08:00～22:00
@ www.skyhighmtdandenong.com.au

墨尔本·旅游资讯

交通

飞机

墨尔本的飞机场有 2 个，分别是墨尔本国际机场和 Avalon 机场，其中 Avalon 机场主要负责墨尔本的国内班机起降，从上海、广州和香港飞往墨尔本的航班多停靠在墨尔本国际机场。

墨尔本国际机场简介	
电话	03-92971600
交通	**1. 机场巴士** 　　机场和市区之间运营的快速机场巴士全天运营，抵达市中心的南十字星站。大巴票可在抵达大巴站点时购买，也可通过网站 www.skybus.com.au 在线购买 　　时间：每隔 10 分钟发车 　　票价：单程 16 澳元 / 人，往返 26 澳元 / 人，单程儿童 6 澳元 / 人 **2. 出租车** 　　墨尔本机场的一层、2 号航站楼（T2—国际）以及两个国内航站楼（1 号航站楼—T1 和 3 号航站楼—T3）外面均有出租车 　　时间：车程约 20 分钟 　　票价：约 50 澳元 **3. 巴士** 　　有三条，分别是 478、479 和 500 路，全部是由 Tullamarine Bus Lines 公司经营。这些巴士按照墨尔本普通巴士价格售票，机场站属于二区 　　票价：5.8 澳元
网址	www.melbourneairport.com.au

　　目前，中国与澳大利亚墨尔本通航的城市主要是上海、广州和香港。你可以参考下面的信息，选择航班。表格中的出发时间以北京时间为准，到达时间是墨尔本当地时间。从中国到墨尔本，承运直达航班的航空公司主要是中国国际航空公司、中国南方航空公司和中国东方航空公司，这三家公司都能够提供中文服务，适合于首次出境游玩的游客选择。

中国飞往悉尼的航班						
航空公司	航班号	班次	路线	出发时间	到达时间	
中国国际航空	CA177	每周一、三、四、五、六	上海→墨尔本	19:15	夏令时	09:00
					冬令时	08:00
中国东方航空	MU737	每天均有	上海→墨尔本	20:15	夏令时	10:00
					冬令时	09:00
	MU739	每周一、三、五、六、日	上海→墨尔本	23:55	夏令时	13:40
					冬令时	12:40
中国南方航空	CZ343	每天均有	广州→墨尔本	09:00	夏令时	21:30
					冬令时	20:30
	CZ321	每天均有	广州→墨尔本	21:00	夏令时	09:40
					冬令时	08:40
新西兰航空	NZ4907	每周一、三、四、五、六	上海→墨尔本	19:15	夏令时	09:00
					冬令时	08:00
澳大利亚航空	QF342	每天均有	上海→墨尔本	20:15	夏令时	10:00
					冬令时	09:00
	QF030	每天均有	香港→墨尔本	19:30	夏令时	08:00
					冬令时	07:00

火车

墨尔本市内有两个主要火车站。位于史宾沙街 (Spencer Street) 的南十字星火车站 (Southern Cross Station)，是维多利亚州内及跨州火车线路在墨尔本市的总站，可以在这里乘坐火车前往州内各主要景点。弗林德斯街火车站 (Flinders Street Station) 是墨尔本当地火车线路的总站，有火车通往各州首府和其他主要城市。

弗林德斯街火车站

这是澳大利亚最古老的火车站之一，至今还保留了原来的建筑风格，是墨尔本的地标性建筑。

🏠 Flinders St，Melbourne

🚌 乘坐有轨电车 1 路、3 路、5 路、35 路、64 路等到 Flinders St 站下车即到

@ ptv.vic.gov.au

长途汽车

墨尔本有高速公路通往各州的首府。到澳洲旅行选择巴士比较方便，舒适、便利又经济，而且巴士内还有空调、视听设备和洗手间，非常方便。墨尔本市内的长途汽车站是位于史宾沙街 (Spencer Street) 上的南十字星车站，天空巴士运营的机场大巴同样由此发车。澳大利亚灰狗汽车公司和 Premier 每天提供往来于墨尔本和悉尼的班车，停靠沿途的城镇。

南十字星车站

南十字星车站 (Southern Cross Station) 不仅是墨尔本市的主要交通枢纽，车站的优良建筑水平也使其极具观赏价值。

🏠 Spencer St，Melbourne

🚌 乘坐 232 路、235 路、237 路公交车在 Southern Cross Station 站下即到

◎ 05：30 至次日 01：00

@ www.southerncrossstation.net.au

市内交通

墨尔本市内的主要公共交通工具是城市铁路，多数行走在地面之上，只是在市中心区域内才在地下行驶。墨尔本有着繁复的有轨电车系统，线路几乎覆盖了整个墨尔本市区。你除了乘坐观光巴士遍访这座城市的各个角落，亦可以乘坐历史悠久的有轨电车游览。

城市铁路

　　城市铁路（City Rail）贯穿了主要的交通要道和主要人口居住地区，是墨尔本大多数人上班或上学的主要交通工具。城市铁路周一至周五从05：00运行到午夜，高峰时间段，每10分钟一班，其他时间段20～30分钟一班；周六从05：00到午夜，每30分钟一班；周日07：00～23：30，每40分钟一班。

有轨电车

　　墨尔本是澳大利亚唯一保留着有轨电车的城市，有轨电车这种古老的交通工具是墨尔本的一大特色。有轨电车网络四通八达，遍布市区，并连接市区和郊区，经过很多景点，可以乘坐它前往瑞其门（Richmond）、圣基尔达（St Kilda）、南亚拉区（South Yarra）等地区。想要了解更多的有轨电车详情，可拨打电话03-131638。

环线电车

　　环线电车（City Circle Tram）中有一路是免费电车，即CBD环线电车35路，不仅游客会坐这个车，就是当地人也会坐这种车代步，因为它会途经最热闹的联邦广场、弗林德斯街火车站、南十字星火车站等很多重要的交通枢纽及景点。车上广播会报站，每到一个站会有英文站点讲解。

　　环线电车运营时间为周日至次周三10：00～18：00，周四至周六10：00～21：00。每12分钟一趟，双向对开，随时上车下车即可。

巴士

　　墨尔本的巴士交通网拥有300多条线路，在市中心的主要区域都有停靠站，包括购物中心、学校、医院、休闲和体育活动场所，以及墨尔本最热门的景点。如果想去更远的地方旅行，可乘坐V/Line公司运行的巴士，可以抵达各个城镇和维多利亚州内各个风景秀丽的景点。想要了解更多详情，可以查询网站：www.ptv.vic.gov.au。

出租车

　　墨尔本的出租车分为可乘坐4人的小汽车和可乘坐5～11人的中型面包车，两种车的起步价都是3.2澳元，起步价外小汽车每公里价格为1.62澳元；面包车每公里价格为2.42澳元，00：00～05：00一般会加收20%的费用。在墨尔本市内的酒店、大型商场及南十字星车站附近都很容易找到出租车，如果你有急事，可以通过电话或网络预约，但会有2澳元的预约费用。乘出租车需预先支付车费，到达后多退少补。

出租车公司信息		
名称	电话	网址
13 CABS	03-132227	www.13cabs.com.au
Silver Top Taxis	03-131008	www.silvertop.com.au

自行车

　　墨尔本地势平坦，非常适合骑自行车观光旅游。在墨尔本港布莱顿 (Brighton) 地区靠近菲利普港海湾的地方有两条非常好的自行车道，你可以在这里骑车游览。另外，游客在非乘车高峰时段，可以免费携带自行车乘坐郊区火车，到郊区去骑自行车旅行。骑车时，你可以去联邦广场的访客中心及维多利亚自行车协会 (Bicycle Victoria，03-86368888) 获得地图。要注意，墨尔本有很多电车轨道，这些轨道在骑车穿过时容易打滑，所以要小心骑行，以防车胎陷进轨道里。

自行车租赁地推荐

名称	地址	电话	网址	费用
Garners Hire Bikes	179 Peel St.,North Melbourne	03-93268676	www.garnersmotor cycles.com.au	每天约 35 澳元
St. Kilda Cycles	150 Barkly St.,St. Kilda,Melbourne	03-95343074	www.stkildacycles. com.au	每天约 20 澳元

游船

　　水上游览是欣赏墨尔本美丽风景的绝佳方式，游船沿途共设有 8 个观光景点，从联邦广场启程，途经南门、墨尔本水族馆、皇冠娱乐综合大厦、科学展览中心、Yarras Edge、维多利亚港、Waterfront City/New Quay，直至达码头区。

游船信息

名称	运营时间	价格
游船	周一至周五 11:00 ~ 17:00，周六、周日及节假日 10:00 ~ 20:00	成人 9 澳元，家庭套票 29 澳元（含 2 位成人和儿童，其中 4 岁以下儿童免票），优惠票 5 澳元（老年人、学生、15 岁以下儿童适用）

美食

对于注重美食的人来说，墨尔本可以称得上是世界上最好的目的地之一。由于墨尔本所处的维多利亚州是澳大利亚奶酪、酒、肉类、鱼类、水果和野味的重要产地，这里汇聚了来自世界各民族文化和澳大利亚最具创造力的厨师，各国佳肴均可以在墨尔本尝到，这令墨尔本成为了名副其实的美食天堂。

在墨尔本市区和郊区都可以找到优质的餐馆。提供优质食物以及特色菜品的饭馆和咖啡屋主要分布在市中心，南岸、卡尔顿、维多利亚大街（集中了消费低但却很流行的越南和东南亚饭馆）、港区、南亚拉（South Yarra）以及 Prahran，特别是在阿克兰大街（Acland Street）和菲茨罗伊大街（Fitzroy Street）。

墨尔本特色美食推荐

墨尔本的必尝美食	
名称	介绍
澳大利亚牛排	澳大利亚盛产优质牛肉，其最好的烹饪方法当然是做成牛排了，大多数餐馆都可以提供不同做法的牛排，也可以去专门的牛排馆饕餮一番
意大利菜	由于墨尔本有许多来自意大利的移民，所以有非常正宗的意大利餐馆，提供各种比萨、意面和其他意大利料理，这些餐馆主要聚集在莱贡街附近
鸭血粉丝汤	鸭血粉丝汤是一道回味无穷的南京小吃，在墨尔本也能吃到，滑嫩的鸭血和同样爽滑的粉丝用味道鲜美的鸭汤一煮，滴上数滴香油，撒上一撮虾米和鸭肝、鸭肠衣等，再点上一撮香菜，美味无比。爱吃辣的客人，还可以再加上些辣椒油或胡椒，色香味俱全
甜点	意大利人习惯在饭后喝咖啡或者吃甜点，而墨尔本甜点的品种也众多，甚至不同的节日和季节吃的甜点都不一样。有名的甜点有提拉米苏、松露蛋糕、香蕉船、巧克力泡芙等

■ 墨尔本餐厅推荐 ■ 🎀

食为先酒家

🏠 50 Little Bourke St., Melbourne

📞 03-96622681

🚋 乘坐有轨电车 35 路、86 路、95 路、96 路 在 Spring St 或 Bourke St 站下车

◎ 周一至周六 11:30 ～ 15:00，17:30 至 次 日 01:30， 周日 11:30 ～ 15:30，17:30 至次日 01:30

@ www.sharkfin.com.au

食为先酒家 (Shark Fin Inn) 是澳大利亚墨尔本的一家中餐厅，属于食为先中餐集团，1980 年开始营业。该店主要经营粤菜，以其地道的中餐闻名墨尔本，是朋友聚会的好去处，这里菜肴价格亲民，环境幽雅。以供应经典的中餐料理为主，如佛跳墙、煲汤、清蒸鱼、海鲜、甜品和粥类。

香料圣殿餐厅

🏠 8 Whiteman St., Southbank, Melbourne

📞 03-86791888

◎ 早茶周二至周日 12:00 ～ 15:00，晚餐从 18:00 开始

@ www.spicetemplemelbourne.com

香料圣殿餐厅 (Spice Temple) 是一家粤菜餐厅，这里汇集了中国各地不同口味的美食，而不仅仅是粤菜一种。这里的四川辣椒辣劲十足，菜单上最辣的菜均用红色标识出来。当然这里的菜品并非全是热辣的，长长的菜单上也列有口味清淡的菜式。毋庸置疑，香料圣殿餐厅绝对是墨尔本市最"刺激"的中餐馆之一。

Colonial 古董电车餐厅

🏠 125 Normanby Rd., Melbourne

📞 03-96964000

◎ 午餐 13:00 ～ 15:00，晚餐 17:45 ～ 19:15，20:35 ～ 23:30

这是全世界第一家设在电车内的高级餐厅。古董电车的历史可追溯到 1927 年，是墨尔本最古老的电车，它典雅的欧式风格深得人们青睐，釉面窗户可以将喧嚣的都市隔离。2 个小时的车程，穿越于墨尔本的大街小巷，沉迷在各色建筑的同时，还能品尝最地道的墨尔本美食和葡萄酒。

Flower Drum

🏠 17 Market Ln.,Melbourne
📞 03-96623655
@ www.flower-drum.com

无论是餐厅的装饰、服务或是菜单，Flower Drurn都采用了一种纯粹的中式风格。餐厅以经营粤菜为主，不过，顾客还可以在此品尝到美味的北京烤鸭。

墨尔本其他餐厅推荐

中文名称	英文名称	地址	电话
龙舫酒家	Dragon Boat	149 Lonsdale St.,Melbourne	03-96390888
台北客栈	Taipei Inn	273 Swanston St.,Melbourne	03-96636663
采蝶轩	Plume Chinese Restaurant	200 Rosamond Rd.,Melbourne	03-98401122
翡翠小橱	Crystal Jade	154 Little Bourke St.,Melbourne	03-96392633

住宿

墨尔本这座被誉为"花园城市"的大都市，住宿地当然很多并且温馨舒适。从豪华装潢的酒店到精致的旅馆公寓，应有尽有，可以满足不同需要的游客。墨尔本的住宿地主要集中在市中心的中央商务区，酒店的价格上下有浮动，如果恰逢节假日和有大型活动的时候，则需要提前预订。到墨尔本，选择住一些家庭酒店和家庭旅馆都是不错的选择，既安静又带有免费的小厨房，给人亲切温馨的感觉。

■ 墨尔本住宿地推荐 ■ ✿

墨尔本斯坦福广场酒店

🏠 111 Little Collins St.,Melbourne
📞 03-96591000
@ www.stamford.com.au

墨尔本斯坦福广场酒店(Stamford Plaza Melbourne)位于墨尔本市中心，酒店的每间套房均设有独立卧室、起居区和厨房。设施齐全的厨房配备了微波炉、灶具和洗碗机。在带顶棚的屋顶游泳池可欣赏到墨尔本天际线的美景。现代化的健身中心设有落地窗和一座大型的SPA浴池，游客可以在浴池游泳，舒缓旅途疲劳。

夏季酒店假日公寓

🏠 **74 Keilor Rd., Essendon, Melbourne**

📞 **03-93796888**

@ **www.summerinn. com.au**

　　夏季酒店假日公寓（Summer Inn Holiday Apartments）距离墨尔本机场仅有 10 分钟车程，内部提供各种现代化的公寓设施，有免费无线网络连接、免费停车场和免费墨尔本机场接机服务。此外，公寓内均有单独的厨房设施和配备有音响系统的独立客厅。

城市中心旅店

🏠 **334 City Rd., Melbourne**

📞 **01-800631288**

@ **www.urbancentral. com.au**

　　城市中心旅店（Urban Central Accommodation）提供私人客房和宿舍间。每间私人客房均配有电视、连接浴室、暖气和空调。宿舍间配有安全的行李柜。公用厨房供应免费的茶、咖啡、米饭和面食，酒店每天早晨供应早餐。客人可使用用餐室、庭院和休息区。在酒吧还配有 1 台平面电视。

飞马公寓式酒店

🏠 **206 A'Beckett St., Melbourne**

📞 **03-92842400**

@ **www.pegasussuites. com.au**

　　飞马公寓式酒店（Pegasus Apart-Hotel）提供健身室、室内恒温游泳池、热水浴缸以及免费无线网络连接。所有客房均设有带冰箱、炉灶和微波炉的小厨房。客房还配有空调和休息区，设施包括平面电视，酒店的餐厅每天提供自助早餐。

墨尔本美居迎宾馆

🏠 **265-281 Little Bourke St., Melbourne**

@ **www.mercurewel come.com.au**

　　墨尔本美居迎宾馆（Mercure Welcome）位于墨尔本市中心，所有客房均配备了有线电视、空调、暖气和冰箱。每间客房都设有带网络连接的办公桌，部分客房配有提供微波炉和烤面包机的小厨房。其内部的酒吧供应各种饮品和茶点，餐厅可供应包括新鲜水果、烘焙食品和熟食在内的丰盛自助早餐。

墨尔本其他住宿地推荐				
中文名称	英文名称	地址	电话	网址
温莎酒店	The Hotel Windsor	111 Spring St.,Melbourne	03-96336000	www.thehotel windsor.com.au
斯旺斯顿街酒店	The Swanston Hotel	195 Swanston St.,Melbourne	03-96634711	www.theswan stonhotel.com.au
墨尔本宜必思酒店	Hotel Ibis Melbourne	600 Little Bourke St.,Melbourne	03-96720000	www.ibishotel.com

购物

　　在墨尔本，人们都喜欢购物，墨尔本人以追求衣着时尚为荣。墨尔本市的主要购物中心位于伯克街与科林斯街，与大部分市内的酒店距离不远，而大型百货公司则位于伯克步行大街。

■墨尔本购物街区推荐■ ✿

科林斯街

　　科林斯街（Collins St.）位于墨尔本的中心地段，两旁高楼林立，是欧洲一线品牌的聚集地，如爱马仕、LV、GUCCI等。科林斯街从Swanston Street路口往东的奢侈品店一条街也是购物的好去处；"巴黎区"在斯普林街附近，几乎包容了所有国际顶级时装品牌专卖店，不过价格和香港比没什么优势；与科林斯街一街之遥的Littlecollins Street则将墨尔本本地设计师的创意演绎得淋漓尽致；Flinder Lane是时尚前卫人士的喜爱之地，每到11月份的澳洲时装节，这里大师云集，成为时尚者的乐土。比较有名的商店有Alice Eughemia、Lvy Hopes、ChristineAc cessories等。

■墨尔本购物地推荐■ ✿

墨尔本中央购物中心

🏠 Swanston St.,Melbourne
📞 03-99221100
◎ 周六至周三10:00～19:00,
周四、周五10:00～21:00

墨尔本中央购物中心（Melbourne Central Shopping Centre）位于维多利亚州立图书馆对面，保存历史遗迹的同时融入了现代的元素。墨尔本中央购物中心有290多家商铺、美食市场等。

105

海港城购物中心

🏠 122 Studio Lane, Docklands Drive, Docklands, Melbourne

📞 03-93288600

🕐 周一至周三、周五、周六 09:00 ~ 17:30，周四 09:00 ~ 19:00，周日 10:00 ~ 17:00

@ www.harbourtownmelbourne.com.au

　　海港城购物中心 (Harbour Town Shopping Centre) 汇聚了 Levi's、Angus & Coote、Orchid Nails 等 180 多个知名品牌，吸引众多时尚人士前来选购。此外，这里餐厅、酒吧、美容店一应俱全，是购物休闲娱乐的好去处。

墨尔本邮政总局

🏠 Level 3/350 Bourke St., Melbourne

📞 03-96630066

🕐 周一至周四 10:00 ~ 18:00，周五 10:00 ~ 20:00，周六 10:00 ~ 18:00，周日 11:00 ~ 17:00

@ www.melbournesgpo.com

　　墨尔本邮政总局 (Gerneral Post Office) 为 1867 年建造的维多利亚建筑，原是墨尔本的邮政局，在一次火灾后改造成为商场。商场内部是富丽堂皇的米兰风格，大量采用玻璃修饰和自然光。这里有相当多的澳大利亚和墨尔本本土设计师的一线服饰品牌，也有国际大牌时装店。

联邦广场周末书市

🏠 The Atrium, Federation Square, Melbourne

🕐 周六 11:00 ~ 17:00

　　联邦之场周末书市是墨尔本最大的周末书市之一，涵盖有各个主题的书籍，包括文学、历史、园艺、旅行、艺术和儿童书籍等。除了书商之外，作者和画家也会时而到书市来和读者见面。

费兹罗玫瑰街艺术家市场

🏠 60 Rose St., Melbourne

🕐 每周六和周日 11:00 ~ 17:00

　　这个市场是墨尔本有名的艺术品和设计集市，在这里可以购买当地艺术家的作品，包括摄影作品、珠宝、绘画、家居用品等。

娱乐

墨尔本娱乐场所推荐

名称	简介	地址	交通
The Croft Institute	这家夜总会比较安静，适合和朋友一起聊天、喝酒，也可以在较高的舞台上跳舞，非常有感觉	21 Corft Alley, Melbourne	乘坐 86 路、95 路、96 路有轨电车到 Russell St 或 Bourke St 下车
澳大利亚动态图像中心	墨尔本标志性的电影院，游客可以在这里欣赏到最新的电影、动画或者纪录片	Federation Square/Finders St., Melbourne	乘坐 35 路、70 路、71 路、75 路等有轨电车到 Russell St 或 Flinders St 下
Rainbow Hotel	这是一个人气很高的音乐表演场地，主要为当地的音乐爱好者举办演出用，规格、氛围都很不错	27 St. David St., Fitzroy	乘坐 11 路、12 路有轨电车到 Bell St 下即可
Bennetts Lane Jazz Club	位于狭窄小巷中的爵士乐演出场地，气氛非常好	25 Bennetts Lane, Melbourne	乘坐 24 路、30 路、35 路有轨电车到 Exhibition St 或 La Trobe St 下车即可

Part④ 布里斯班
无需门票，体验布里斯班"心"玩法

Part4 布里斯班
布里斯班市区

1·热闹的节日活动·

节日活动信息			
名称	日期	举办地	简介
澳大利亚沙雕锦标赛	2 月	冲浪者天堂	沙雕艺术展览，非常有趣，你也可以自己制作一个满意的作品
黄金海岸冲浪大赛	2 ~ 3 月	黄金海岸	非常具有观赏性的冲浪比赛，在赞叹中悠然度过一天
激情摇滚节	5 ~ 6 月	黄金海岸	激情四射的摇滚节，非常热闹，而且还有许多特色的免费活动

Part4 布里斯班
布里斯班市区

2 · 免费资讯助你游 ·

布里斯班游客服务中心资讯	
服务内容	工作人员会解答与布里斯班旅行相关的疑问，并免费提供市区及周边地图、节庆活动信息、景点信息。此外，游客中心还提供景点门票、旅行团、体验活动等的预订服务
地址	Queen St. Mall,Brisbane
电话	07–30066290
交通	乘坐 276 路、281 路、251 路、279 路、273 路、275 路或 171 路在 Elizabeth St stop 85 站下车

Part4 布里斯班
布里斯班市区

3 · 不要门票怎样能玩 High ·

不花 1 分钱 游览布里斯班的线路

罗马街公园：欣赏各种美丽的花卉，令人流连忘返

乘坐公交车在 South Brisbane 站下

南岸公园：在美丽的南岸公园中度过悠闲时光

乘坐 382 巴士

圣约翰大教堂：在庄严肃穆的大教堂中感受宗教氛围

乘坐 402 路、411 路、412 路、414 路公交车

昆士兰大学：在美丽的校园中感受青春气息，回忆美好年华

零元游布里斯班市区

1
·南岸公园·

旅游资讯

🏠 Ground Floor, Stanley St. Plaza/Stanley St., Brisbane

📞 07-38672170

🚗 乘坐 Citycat 或内城轮渡 Inner City Ferry 可到；还可以从 Roma St Station 站或中央车站乘坐公交车在 South Brisbane 站下

◉ 日出至日落

@ www.visitsouthbank.com.au

南岸公园（South Bank Parkland）是一个带状公园，被誉为是澳大利亚最好的市内公园。公园内环境优美，清澈的湖泊和碧绿的树林相得益彰，还有人工海滩、户外烧烤等设施。在这里，你不仅可以乘着游船欣赏美丽的河岸景致，也可以在广场上观看精彩的街头表演。在公园的电影院看一场超大屏电影也是一个不错的选择。

袋鼠角（**Kangaroo Point**）是俯瞰美丽的布里斯班河和对岸繁华市区的最佳之地。除了美丽的风光美

景外，在袋鼠角你还可以享受到攀岩的乐趣，在袋鼠角悬崖这个天然攀岩场挑战自我是许多人难忘的体验。另外，这里还有许多丰富多彩的活动，如皮划艇等。

故事桥（**Story Bridge**）是布里斯班最具代表性的建筑之一，攀登大桥已经成为许多来这里游客的必玩项目。黄昏时分在故事桥上眺望晚霞笼罩下的布里斯班，其景之美令人难忘。每到夜晚，故事桥上的灯光亮起，不论是在桥上，或是在远处欣赏大桥，都会让你大饱眼福。

不要门票也能 High

如果想要攀登故事桥的话，必须提前预约，但小孩是没有办法参与的。当地规定要在攀登开始前15分钟左右到达，会有专业的教练讲解攀登路线和安全措施。

Part4 布里斯班
布里斯班市区

2
·袋鼠角·

旅游资讯

🏠 Kangaroo Point, Brisbane

🚌 在河岸广场搭乘渡船前往

@ www.kangaroopoint.com.au

Part4 布里斯班
布里斯班市区

3
·故事桥·

旅游资讯

🏠 Story Bridge, Bradfield Highway, Kangaroo Point, Brisbane

🚌 搭乘公交车到中央车站或是女王街商业街站下，后换乘环城免费 Loop 巴士到 Riverside 下，最后搭轮渡到 CT White Park 站下

@ www.sbac.net.au

4
· 布里斯班森林公园 ·

旅游资讯

🏠 Mt Nebo Rd.,
Enoggera Reservoir,
Brisbane
📞 07-33004855
🚌 乘坐 385 路公交车至 The Gap park 'n' ride 站下，步行可到
⏰ 周一至周五 09:00～16:15，周六至周日 09:00～16:30
@ www.epa.qld.gov.au

5
· 圣约翰大教堂 ·

旅游资讯

🏠 373 Ann St., Brisbane
📞 07-38352231
🚌 搭乘 184路、185路、210路、227路、234路、310路、335路公交车在 Ann St Stop 8 下车，步行即可到达
⏰ 09:30～16:30
@ www.stjohnsca thedral.com.au

布里斯班森林公园（Brisbane Forest Park）隐藏在偏远的峡谷中，内有广阔的热带雨林和胶林地。公园内环境清幽，空气新鲜，有众多长短不一的徒步小道，让你可以边享受徒步的乐趣边感受自然的新鲜空气，享受休闲时光。在步行路径旁的餐馆里，白天可以坐在丛林环绕的看台上与翠鸟嬉戏，晚上可以喂食可爱的负鼠。

不要门票也能 High

在公园入口处的信息中心有公园地图及有关的露营信息。想要在公园里露营的话，必须在到达之前通过 EPA 获得露营许可，如果有一辆自行车的话会更好，仅靠步行是很难到达露营地的。

圣约翰大教堂（St. John's Cathedral）是一座哥特复兴风格的建筑，拥有悠久的历史，现在的圣约翰大教堂是后来修缮而成的。圣约翰大教堂是澳大利亚唯一一个有全石头穹顶天花板的教堂，非常庄重。教堂最大的特色是含有 3.5 亿年历史的珊瑚虫骨骼和双扇贝化石的石灰柱，建筑外面的精美彩绘玻璃也经常让经过此地的游客驻足欣赏。圣约翰大教堂已成为布里斯班的标志性建筑。

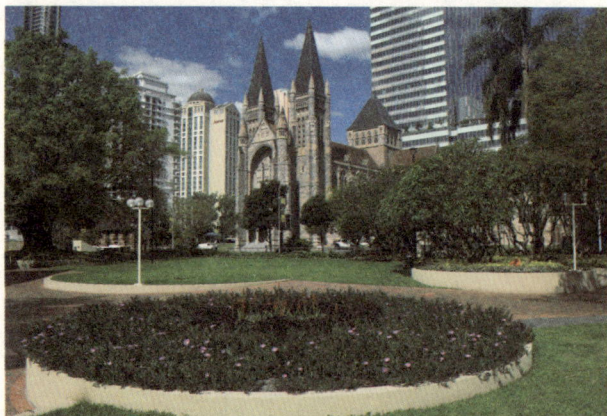

布里斯班市政厅（**Brisbane City Hall**）坐落在市中心，高耸的钟楼曾是澳大利亚最大、最昂贵的建筑。市政厅是一座文艺复兴风格的建筑，巨大的石柱，高耸的尖塔，都使这座被现代建筑包围的建筑显得格外雄伟庄重。市政厅内部自由而又不失庄重，大理石楼梯、马赛克镶嵌墙壁，看起来就像是历史悠久的艺术品。

不要门票也能 High

1. 市政厅内部导览

市政厅内部导览线路为免费导览项目，需要在官网提前预订。

出发时间：10:30、11:30、13:30、14:30、15:30

游览时长：45 分钟至 1 小时

2. 钟楼导览线路

钟楼导览线路为免费导览项目，但不接受提前预订。旅行者需前往位于市政厅 3 楼的布里斯班市博物馆领票并等待出发。需要注意的是，由于参加钟楼游览线路的人数较多，在到达市政厅后建议尽早领票。

出发时间：10:00 ~ 17:00，每小时 1 次

游览时长：45 分钟

昆士兰大学（**University of Queensland**）是昆士兰州第一所综合型大学，是澳大利亚最大最有声望的大学之一，曾诞生过许多伟人。昆士兰大学共有四处校区，校内有银行、咖啡馆、药店等，配套设施齐全。另外，这里还有昆士兰州规模最大的图书馆和全澳大利亚大学中最完善的体育设施。学院的艺术剧场、画廊、音乐厅等经常会举办一些展览和演出。

不要门票也能 High

昆士兰大学拥有比普通公园还要美的校园，静谧的湖泊上泛着小舟，许多野鸟在此游荡。悠长的回字环廊和美丽的中央草坪仿佛偶像剧中才有的场景。另外，校园内的许多餐馆味道都不错，喜爱美食的朋友不要错过。

Part4 布里斯班
布里斯班市区

6

·布里斯班市政厅·

旅游资讯

🏠 373 Ann St., Brisbane

📞 07-34038888

🚌 搭乘 City Bus 在 Central 站下

◉ 周一至周五 08:00 ~ 17:00，周六、周日及节假日 09:00 ~ 17:00

@ www.brisbane.qld.gov.au

Part4 布里斯班
布里斯班市区

7

·昆士兰大学·

旅游资讯

🏠 Brisbane St. Lucia, Brisbane

📞 07-33651111

🚌 乘坐公交车 402 路、411 路、412 路、414 路、427 路、428 路至 UQ Chancellors's Place 下可到

◉ 昆士兰大学艺术博物馆 10:00 ~ 16:00；周日、公共假期不开放

@ www.uq.edu.au

Part4 布里斯班
布里斯班市区

8

· 城市植物园 ·

旅游资讯

🏠 Alice St.,Brisbane

📞 07-34038888

🚌 乘坐公交 114 路、118 路 至 Alice St stop 95 near George St 站下车即到

城市植物园（City Botanic Gardens）是布里斯班最古老的公园，学生和附近的工作人员经常在此闲暇休息。植物园内有大量的草坪、步道、竹园、杉树等，非常适合悠闲散步。另外，这里也是远眺袋鼠崖美景的好地方。河边的美丽红树林木板路，每晚都会亮灯直到深夜，是观赏负鼠的好地方。

Part4 布里斯班
布里斯班市区

9

· 罗马街公园 ·

旅游资讯

🏠 1 Parkland Blvd, Brisbane

📞 07-30064545

🚌 搭乘火车于罗马街火车站下车，从 12 站头出口出站，搭乘电梯上行即到

◎ 无轨道小火车运行时间：周三至周五 10:00～14:30，周六、周日 10:00～15:00

@ www.romastreetparkland.com

罗马街公园（Roma St. Parkland）坐落在市区北边，占地 16 公顷，植物种类繁多，有世界上最大的市区亚热带花园，十分值得游览。最值得观看的是公园中心的 Spectacle Garden，在公园园艺工人的精心护理下，各个季节都会开满各种的花争奇斗艳，美不胜收。

昆士兰博物馆（**Queensland Museum**）藏品丰富，非常有趣。博物馆共有四层楼，从自然历史、文化遗产、科学、人类成就等方面讲述了昆士兰的历代故事。博物馆内展品种类繁多，从恐龙骨架到现代昆士兰州文物都有收藏，另外还有许多巨型动物复制品，非常有趣。

> **不要门票也能 High**
>
> 相较于一般的博物馆，很多人可能会觉得昆士兰博物馆要有趣得多。这里有历史悠久的火车头、恐龙骨架、泥盆纪食肉鱼化石、世界上最大的蟑螂标本等，这些在其他地方都是很少见的，而且有许多模型和标本还允许游客摸一摸。

老总督府（**Old Government House**）是布里斯班最著名的历史景点之一，它是一栋维多利亚式的建筑，以前的总督会在这里度假。这个地方是了解昆士兰早期殖民历史的最好窗口，澳洲莱明顿蛋糕也是在这里发明。

Part4 布里斯班
布里斯班市区

10

· 昆士兰博物馆 ·

旅游资讯

🏠 Corner of Grey & Melbourne St., Brisbane

📞 07-38407555

🚗 搭乘火车到达南布里斯班站，出站后穿过 Grey St. 即到

@ www.qm.qld.gov.au

Part4 布里斯班
布里斯班市区

11

· 老总督府 ·

旅游资讯

🏠 2 George St., Brisbane

📞 07-31388005

🚗 从布里斯班市中心步行即可

@ www.ogh.qut.edu.au

Part4 布里斯班
布里斯班市区

12

· 库萨山公园 ·

旅游资讯

🏠 1012 Sir Sa-
muel Griffith Drive,
Brisbane
📞 07-33699922
🚌 乘坐 471 路（周
一至周六运营）公交
车可到，周日可乘坐
出租车前往
@ www.brisbanelook
out.com

库萨山公园（**Mt Coot-tha Reserve**）是布里斯班的海拔最高点，这里也是俯瞰布里斯班市区美景的绝佳景观台。从山顶望下去，可以看到整个布里斯班市区以及莫顿湾和莫顿岛的风景，非常美丽。另外，山间还有餐厅、咖啡馆等。这里的日出也是布里斯班最美的景观之一。

莫顿岛（**Moreton Island**）是世界上最大的沙洲岛之一，周围有许多的野生海豚，这里也因此而闻名。岛上不仅拥有许多国家级公园景观，也有许多珍稀的自然生物。在这里旅行，可以体验滑沙的乐趣，这也是沙洲岛独特的娱乐项目。另外，这里的海水清澈明净，乘船游览还可以看到海龟、蝠鲼等各种海底精灵，也可以与海豚嬉戏，投喂食物。

Part4 布里斯班
布里斯班市区

13

· 莫顿岛 ·

旅游资讯

🏠 Moreton Island,
Brisbane
📞 1300-130372
🚌 乘坐 Tangalooma
公司的船可到
@ www.derm.qld.
gov.au

零元游布里斯班周边

· 布里斯班 → 黄金海岸

黄金海岸是闻名世界的假日旅游地，被认为是澳大利亚主题公园的首都。另外，它还是电影迷必到之处，在这里你不仅能看到喜爱的兔八哥等卡通明星以及其他电影人物，还可以和他们合影留念。

前往黄金海岸

1. 从布里斯班到黄金海岸最方便的交通工具是火车。在布里斯班市区的罗马街站或中央车站，乘 Airtrain 黄金海岸线在 Helensvale 下车，换乘 704 路公交巴士，可到达梅茵海滩，在 Nerang 下车，换乘 740 路或 745 路公交巴士，即可到达冲浪者天堂。全程约 1 小时 30 分钟，票价约为 32 澳元。

2. 另外，乘坐灰狗巴士也是不错的选择，在布里斯班和黄金海岸之间通有多趟巴士，全程约需 1 个小时，票价 25～40 澳元。

冲浪者天堂（Surfers Paradise）位于黄金海岸的中心位置，是澳大利亚旅游宣传片里的取景之地。冲浪者天堂风景壮阔，海岸线平直宽广，白沙滩绵延开阔，岸边海水很浅，非常适合开展冲浪等各种水上运动，每年都会有大批冲浪爱好者前来挑战巨浪。美丽的海岸风光，刺激的水上运动，都让这里成为了有名的度假胜地。

Part4 布里斯班
布里斯班周边

1
·冲浪者天堂·

旅游资讯

🏠 Surfers Paradise, Queensland
🚌 乘坐公交车 21 路、709 路、740 路和 745 路可到达
◎ 全天开放

▮ 不要门票也能 High

　　冲浪者天堂是一个十分逍遥的地方，可以在沙滩上悠闲地散步，或者躺在树下享受湿润的海风，也可以与勇士们一起去感受大海的激情。除了在海边享受悠闲外，你还可以在这附近的繁华商业街血拼一番。

泰伯朗山国家公园（Tamborine National Park）是昆士兰州第一座国家公园。泰伯朗山海拔 525 米，是黄金海岸幅员最广的山。山间绿树郁郁葱葱，风景秀丽，各种野生动物穿梭其中，能让你来一次与大自然最亲密的接触。公园里有壮观的 Witches 瀑布、Cameron 瀑布，也有迷人的艺术步道，非常值得游览。

艺术步道：是一条长约 500 米的散步道，沿途风景秀美，而且这里还有美丽古朴的手工纪念品店、咖啡店和甜品店，这条路装饰也别具特色，欧式风情十足，宛如梦境，是能让你在登山途中安静休息的地方。

Part4 布里斯班
布里斯班周边

2
·泰伯朗山国家公园·

旅游资讯

🏠 Cedar Creek, Queensland
🚌 乘坐往返于黄金海岸与泰伯朗山之间的巴士可到
@ www.tamborinemountain.net

▮ 不要门票也能 High

　　泰伯朗山国家公园有许多好玩的事情可做，可以徜徉在绿意盎然的天空漫步道中，或是站在 Witches 瀑布前欣赏它的壮观景色，也可以在艺术步道的咖啡馆里慵懒地喝杯咖啡，或是在山顶等待美丽的日落。另外，进山口处的游览中心有提供泰伯朗山的游览册，取用非常方便。

拉明顿国家公园（Lamingtou National）是一个珍贵的生态基地，也是被指定的世界文化遗产。公园大部分坐落于海拔 900 米的高原之上，拥有许多极好的自然徒步小道，是徒步旅行者的天堂。公园中还有险峻的山谷、壮阔的瀑布和青翠浓密的亚热带雨林等，给你的徒步旅行增添了许多乐趣。

O'Reilly's Treetop Walk：是澳洲首条树顶漫步小道，是一座架于森林之上的吊桥，离地约 15 米，由于森林茂密，所以从上往下看到的全是茂密的森林。沿着这树顶小道前行至雨林深处，有各种珍奇花卉以及千年古木映入眼帘。沉浸在这美丽大自然当中，连呼吸也随着清爽起来。

Part4 布里斯班
布里斯班周边

3
· 拉明顿国家公园 ·

旅游资讯

🏠 Binna Burra Road, Southern Lamington, Queensland

📞 061-137468

🚌 乘坐每天往返于黄金海岸与拉明顿国家公园之间的巴士可到

@ www.nprsr.qld.gov.au

神仙湾（Sanctuary Cove）是澳洲有名的富人区。这里的海岸停着许多私人游艇，另一侧则是一幢幢精致的别墅。神仙湾环境优美，人与自然之间更是有一种和谐的气氛，成群的袋鼠在蓝天下跳跃，美丽的天鹅在水中嬉戏，优美的风景以及和谐的自然环境让这里成为了一个人间仙境。

Part4 布里斯班
布里斯班周边

4
· 神仙湾 ·

旅游资讯

🏠 Sanctuary Cove, Hope Island

🚌 这里无公共交通，需要自行驾车前往

·布里斯班周边其他景点

1

·拜伦角·

旅游资讯

🏠 Lighthouse Rd.,
Byron Bay

📞 02—66209300

🚌 从黄金海岸前
往拜伦湾可以在乘
坐 Greyhound BUS

@ www.byron-bay.
com

拜伦角（Cape Byron）是澳大利亚最东边的小镇，这里有着澳大利亚最具波西米亚风格的海滩，吸引了不少的国际巨星和艺术家们来此度假。海滩边上除了各种娱乐设施外，还有各种各样的精品小店，售卖原住民手工制作的工艺品，非常有趣。这座小镇环境自然，自由悠闲，鲜有大城市的踪迹，仿佛一座世外桃源。

拜伦角灯塔：是全澳大利亚最高的灯塔，这也是澳大利亚第一个迎来太阳的地方，站在这里可以欣赏到美丽的日出以及宽阔的海洋。另外，在鲸鱼迁徙的季节，大批的鲸鱼北上，而这里就是最佳的观赏地点。

2

·北斯特拉德布罗克岛·

旅游资讯

🏠 North Stradbroke
Island, Queensland

🚌 在布里斯班乘
船前往

@ stradbrokeisland.
com

北斯特拉德布罗克岛（North Stradbroke Island）是世界上第二大沙岛。岛上有野生的考拉和袋鼠，附近的海域能看到鲸鱼与海豚，感兴趣的可以去看一下。

另外，这里的海滩有美丽浪花，非常适合冲浪和钓鱼。但是岛上风比较大，去之前最好查一下天气。

阳光海岸（Sunshine Coast）以悠闲景致闻名，优美的自然风光在明媚的阳光下散发着独特的光芒。这里有明媚的阳光、延绵的沙滩和温和的海风，日光浴和沙滩漫步是非常受欢迎的娱乐项目。除了美丽的自然风光外，周边还有许多商店和工艺品店，也有高尔夫球场和各种水上活动。

努萨国家公园（Noosa National Park）是一片延伸进海岸线的宽阔陆地，也是澳大利亚最受欢迎的公园之一。公园内风景优美，尤其是努萨海岬，海水清澈，天空湛蓝，奇岩怪石遍布，日落尤其美丽。另外，这里还是许多动物的栖息地，其中就包括考拉和罕见的黑色凤头鹦鹉。

不要门票也能 High

努萨国家公园有4条步行路线，去之前可以先在信息中心告诉工作人员你的预计时间，他们会推荐你合适的路线。每条路线的风景都各不相同，但无一例外都是风景如画。

Part4 布里斯班
布里斯班周边

3
·阳光海岸·

旅游资讯

🏠 布里斯班北部约96公里处
🚌 从布里斯班乘灰狗巴士或乘 Suncoast Pacific 提供的班车前往

Part4 布里斯班
布里斯班周边

4
·努萨国家公园·

旅游资讯

🏠 Noosa National Park, Noosa Heads
🚌 由阳光海岸乘坐巴士可到
@ www.nprsr.qld.gov.au

Part4 布里斯班
布里斯班周边

5

· 尤姆迪集市 ·

旅游资讯

🏠 80 Memorial Drive, Eumundi
📞 07-54427106
🚌 乘坐630路或631路公交车在 Noosa Junction station 或 Nambour station 可到
🕐 周三 08:00～13:30，周六 07:00～14:00
@ www.eumundimarkets.com.au

尤姆迪集市（Eumundi Market）平常只是一个安静祥和的小镇，但是每到周三和周六集市开放的时候便会变得热闹非凡。集市上有各种工艺品、服装，还有美味小吃、街头艺人表演等，令人眼花缭乱。难得的是，这里的手工水平非常之高，很容易就能找到一个令自己爱不释手的工艺品。

不要门票也能 High

尤姆迪集市的规划非常好，各类商品都有自己的属区，如果想要买具体的东西的话，便可直奔目的地而去。这里的街头艺人也为整个市场增添了一些独特的氛围，热情有趣的艺人们会让人不自觉地也跟着开心起来。在这里购物不仅会遇到令人欣喜的精美工艺品，还会被市场的热闹氛围所感染，将购物变成了一次旅行。

Part4 布里斯班
布里斯班周边

6

· 春溪国家公园 ·

旅游资讯

🏠 87 Carricks Rd., Springbrook
🚌 从冲浪者天堂开车大约45分钟能够到达
@ www.springbrooktourism.com.au

春溪国家公园（Springbrook National Park）是澳洲的世界遗产"东海岸雨林保护区"的一部分。这里生长着种类繁多的参天大树，许多风景优美的徒步小道遍布在森林之中，沿着这些路走，不仅能看到茂密的树林，还有峡谷、悬崖、瀑布等壮观的景色。这里最有名的是自然桥区的蓝光虫，每当夜晚来临，它们便会散发美丽的蓝色荧光，聚集在一起，非常的美丽。另外，在公园管理处还可以获得3个区域的徒步路线图以及住宿、餐厅的信息。

自然桥区是因水流冲蚀而形成的天然洞穴，形状好像桥梁一般，所以被称为自然桥。每到夜晚，在这里的一些洞穴里，便能看到美丽的蓝光虫。这种虫子只有在澳大利亚和新西兰能看到。成群结队的蓝光虫散发的光芒照亮整个洞穴时，无人不会被眼前的美景所惊艳。就好像漫天的繁星一般，灵动而又闪耀。

库尔加塔（**Coolangatta**）位于昆士兰州和新南威尔士州的交界处。这里有一条街非常出名，街左边是昆士兰州，但到了右边则变成了南威尔士州，并且彼此之间还有1个小时的时差。这里是深受澳洲

人民喜爱的度假村，相比于热门的旅游胜地，它多了一份宁静与祥和的气氛，是可以让你完全休闲和放松的地方。周边的海岬有许多令人惊叹的海景，美丽的海浪也吸引了许多的冲浪爱好者前来。

Part4 布里斯班
布里斯班周边

7

· **库尔加塔** ·

旅游资讯

Coolangatta, Queensland

从黄金海岸机场乘坐出租车前往

@ www.coolangatta.net

不要门票也能 High

在这里游客可以在美丽的海边享受海风和日光浴，欣赏美丽的日出、日落，也可以在露天市场参观一下，感受当地悠闲的生活气息。

布里斯班·旅游资讯

交通

飞机

目前，中国有直达航班到澳大利亚布里斯班的城市主要是广州和香港，承运直达航班的航空公司主要是中国南方航空公司、国泰航空和澳大利亚航空，这三家公司中南方航空能够提供中文服务，适合于首次出境游玩的游客。承运需中转航班的航空公司很多，信誉度比较高的有中国国际航空、中国东方航空和英国航空等，可据需求选择。

布里斯班国际机场是澳洲第三大繁忙机场，主要为布里斯班市和周边地区提供服务。

布里斯班国际机场简介	
电话	07–34063000
交通	1. 机场列车 　　电话：07–32163308 　　运行时间：周一至周五 05:20 ~ 20:00，周六、周日 06:00 ~ 20:00，发车间隔 30 分钟一班 　　经过区域：罗马街客运中心、中央车站 　　票价：14 澳元 　　网址：www.airtrain.com.au 2. Skytrans 列车 　　电话：07–33589700 　　运营时间：05:45 ~ 24:00，发车间隔 30 分钟一班 　　经过区域：布里斯班市区、黄金海岸 　　票价：到布里斯班市区成人 12 澳元，儿童 8 澳元；到黄金海岸成人 39 澳元，儿童 18 澳元 　　网址：www.skytrans.com.auv
网址	www.bne.com.au

火车

布里斯班有两个火车站，一个是中央火车站（Central Station），主要负责昆士兰州内的交通，路线覆盖整个昆士兰州。另一个是罗马街火车站（Roma Street Station），有连接悉尼与布里斯班的路线，是进入布里斯班的主要交通方式之一。

城市火车

布里斯班的城市火车线路主要从布里斯班市区延伸到机场、周边地区和黄金海岸。这种火车不管你刷 Go Card 卡还是单独买次票都可以用，从布里斯班机场到市区都是 16 澳元，市区主要有 2 个站，分别是中央车站（Central Station）和罗马街（Roma Street）车站。

城市火车旅游路线推荐	
名称	路线
昆士兰号	布里斯班—普斯莎班（Proserpine）—凯恩斯（Cairns）
风情号	布里斯班—开恩兹的热带（Spirit of Tropics）
热带风情号	布里斯班—普斯莎班
荒漠风情号	布里斯班—朗烈治（Longreach）
阳光铁路	布里斯班—开恩游兹（The Sunshine Rail Experience）

公交车

布里斯班有一个很发达的公交网络系统，公交车遍布市内每个角落，有电子指示牌显示车次及首末站。市内公交运营时间 06:00 ～ 23:00，大部分车的终点站为 Queen Street Bus Station 和 Fortitude Valley；郊区公交车的发车频率及首末时间不固定，出行前需提

前确认自己的行程，以免误车。

乘坐公交车既可使用交通卡也可使用车票，公交车上有人找零，有些车辆在高峰时段并不在车上售票，所以提前买票或使用公交卡是比较明智的选择。另外，一些快速公交车，并不是每个站都会停靠，特别是高峰时段。所以在乘坐前最好先和司机确认你所乘坐的车是否会在你的目的地停靠。

出租车

布里斯班的出租车非常多，可以搭载你前往任何地方。主要的出租车公司是Yellow Cabs 和 Black & White Cabs。出租车招手即停，空车的车头会亮灯。大多数出租车都接受现金、信用卡和借记卡支付，并配有GPS装置，不过你最好提前和司机确认他是否知道你要去的地方及路线，如果是比较偏的地方还要看司机愿不愿意前往。此外，出租车都可以提前预订。

布里斯班还有一种绿色出租车。它们会带着你避开市中心车水马龙的地段，带你用一种独特的视角去领略这座城市的特色。车辆可以乘坐两个成年人和两个小孩，车费5澳元起。

出租车公司信息			
名称	地址	电话	网址
Yellow Cab	7 Albion St.,Woo-lloongabba	07-38910000	www.yellowcab.com.au
Black & White Cabs	Brisbane International Airport	07-38601800	www.blackandwhitecabs.com.au

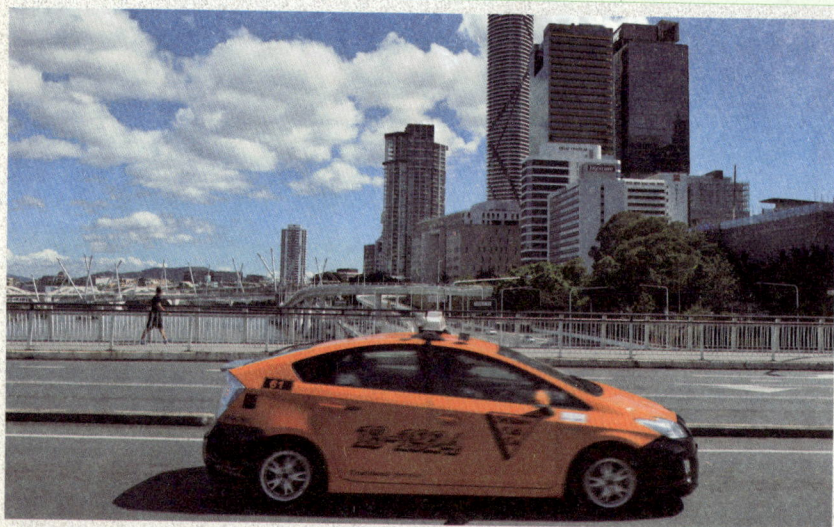

渡轮

布里斯班河贯穿整个布里斯班市，所以乘坐渡轮沿河游览布里斯班是个不错的选择。布里斯班的主要渡轮有 City Hopper 和 City Cats。其中，City Cats 是一种高速的双体船，停靠在南岸（South Bank）和城市中心以及郊外的河畔；City Hopper 则是一种更传统的渡轮，主要负责短距离的运输，有更多的停靠站点。

渡轮信息			
名称	运行时间	发船间隔	停靠站点
City Hopper	06:00 ~ 23:00	15 ~ 30 分钟	North Quay、Mowbray Park 等
City Cats	05:40 ~ 23:45	15 ~ 30 分钟	共 15 个站点，包括昆士兰大学、南岸 1 号码头和 2 号码头、New Farm Park 等

自行车

布里斯班是非常适合骑自行车游览的城市，沿河建有许多自行车道，你可以沿着这些道路骑自行车游览这座城市。布里斯班市内有很多自行车租赁点，可以花 2 澳元注册一天，或者花 11 澳元注册一个星期。在你注册的时间段内，可以任意使用租车点的车辆，但是有归还车辆的时间限制。

美食

海鲜、生蚝、泥蟹、龙虾等，这些是来到布里斯班之前，就会在脑海中出现的美食。的确，无论是高档餐厅还是街边小餐馆，在布里斯班，餐厅中的每一样美食都是非常美味的。此外，布里斯班饮食最大的特色就是可以在户外就餐，一边品尝美食一边欣赏美景，再加上一杯最著名的葡萄酒，那必然是一场难忘的美食之旅。你可以先去品尝布里斯班本土代表性美食，然后再去各餐厅品尝心仪的甜点。

布里斯班特色美食推荐

昆士兰肉派

酥皮包裹着肉馅的昆士兰肉派，是一款澳大利亚传统的美味小吃，现在已经开发了很多不同的品种和口味，如苹果派、浆果派、牛肉派、鸡肉派等，有荤有素，有甜有咸。

莫瑞顿小龙虾

莫瑞顿小龙虾是布里斯班很有代表性的海鲜美食，与澳大利亚小龙虾齐名。它肉质鲜美，多种烹调方法都无法掩盖其鲜味，在布里斯班的很多餐厅都能品尝到。

布里斯班葡萄酒

布里斯班的葡萄酒清澈、爽口，并且口味也非常独特，其中一种水果味的酒是最值得品尝的；当地的酒吧里饮酒的人很多，原因在于这里有专业的调酒师和温馨的环境。

雷明顿蛋糕

雷明顿蛋糕用黄油蛋糕做底，然后在外面裹上一层软巧克力外衣，再沾上均匀的椰丝，如果搭配自己喜欢的奶油或者果酱，味道会更加独特。

泥蟹

活的泥蟹（Mud Crab）呈深青色，熟了之后变成红色，其味道与海蟹差不多。在昆士兰只有身长 15 厘米以上的泥蟹才可以被打捞，并且多是公蟹，在布里斯班的一些大型超市都可以买到，清蒸或爆炒的味道都不错。

布里斯班餐厅推荐

Jackpot Dining

🏠 96 Albert St.,Brisbane
💲 人均约 10 澳元
@ www.jackpotdining.com.au

Jackpot Dining 这是一家平价中餐馆，主要提供盖浇饭、炒面、炒菜等。其菜肴都是采用新鲜的食材用传统的烹饪方式制作而成的，非常具有中国味道。现有四家分店，分别位于 Brisbane City 、 Albert St.、Toowong 和 West End。

Oskars On Burleigh

🏠 43 Goodwin Terrace, Burleigh

📞 07-55763722

@ www.oskars.com.au

Oskars On Burleigh 位于黄金海岸的冲浪者海滩上，美味海鲜和没有农药的蔬菜是这里的特色。据说，这家餐厅的厨师曾获得多项殊荣，很多名人都会来这里就餐。在黄金海岸玩了一天到这里品尝新鲜的海鲜，遥望海景是一个不错的选择。

布里斯班其他餐厅推荐			
名称	地址	电话	网址
IL-centro	Eagle Street Pier, 1 Eagle St.,Brisbane	07-32216090	www.il-centro.com.au
Giardinetto Italian Restaurant	366 Brunswick St.,Fortitude Valley	07-32524750	giardinetto.com.au
Mondo-Organics	166 Hardgrave Rd.,West End	07-38441132	www.mondoorganics.com.au
Customs House Restaurant	399 Queen St.,Brisbane	07-33658921	www.customshouse.com.au
IL-centro	Eagle Street Pier, 1 Eagle St.,Brisbane	07-32216090	www.il-centro.com.au

住宿

布里斯班的住宿地有很多，包括各种档次的酒店和旅馆，但条件相对于悉尼、墨尔本来说要差一些。布里斯班现有的酒店大都是比较老旧的，主要星级酒店分散在市中心，交通比较方便，一些比较经济的酒店和旅馆大都离市中心要远一些。来布里斯班，选择的住宿地应当是以舒适、温馨、距离市中心比较近为宜。

阿斯特曲亚特图公寓

🏠 107 Astor Terrace Spring Hill，Brisbane
📞 07-38329009
@ www.quattroonastor.com.au

阿斯特曲亚特图公寓（Quattro On Astor）距离商场、餐馆和娱乐场所仅10分钟的步行路程，交通非常方便。酒店拥有温水游泳池、热水浴缸和桑拿浴室，同时所有公寓都设有私人阳台和一个设备齐全的厨房。

奥克斯夏洛特塔酒店

🏠 128 Charlotte St.，Brisbane
📞 07-38329009
@ www.oakshotelsresorts.com

奥克斯夏洛特塔酒店（Oaks Charlotte Towers）位于布里斯班中心，距离布里斯班河和市植物园仅10分钟步行路程。酒店内设有带私人阳台并有能欣赏布里斯班河景或城市景观的客房，公寓内有洗衣设施以及带微波炉和冰箱的设备齐全的厨房。

布里斯班其他住宿地推荐				
中文名称	英文名称	地址	电话	网址
万豪酒店	Marriott Hotel	515 Queen St.,Brisbane	07-33038000	www.marriott.com
峰会酒店公寓	Summit Apartment Hotel	32 Leichhardt St.,Spring Hill,Brisbane	07-38397000	www.thesummitapartments.com.au
皇家公园	Royal On The Park	152 Alice St.,Brisbane	07-32213411	www.royalonthepark.com.au
花园城市酒店	Travelodge Garden City	18 Macgregor St.,Upper Mt Gravatt	07-33477400	www.travelodge.com.au

购物

布里斯班是一座充满时尚氛围的都市，到处都洋溢着热情、活力和无限的创造力。这里从聚集众多著名设计师作品的皇后街到汇集流行元素的街道，两旁均商店林立，极具布里斯班的特色。另外，周末的各种露天市场，也是不可错过的淘宝胜地。在那里可以买到各种名贵矿石、原住民手工艺品、羊皮制品、木制品、冲浪装备和昆士兰果仁等。

皇后街购物中心

🏠 Queen St., Brisbane

🚌 乘坐免费循环巴士或公交车 46 路、47 路、48 路、104 路、109 路、110 路、116 路在皇后街（Queen St）站下车可到

📞 07-30066290

🕙 周一至周五 09:00 ～ 18:00，周五延长至 21:00；周六 09:00 ～ 17:30；周日 10:00 ～ 18:00

@ www.bnecity.com.au

皇后街购物中心（Queen Street Mall）是布里斯班市中心最热闹的地区，汇集了 500 多家百货公司、专卖店、时装店、纪念品店、食品店、餐厅、酒吧、咖啡馆和娱乐场所。其宏伟的气势彰显了它女王般的购物地位，使之成了国际高端品牌的集中地，以及别具奢华氛围的购物中心。

布里斯班拱廊

🏠 160 Queen St., Brisbane Arcade, Brisbane

🚌 乘坐公交车 116 路、124 路、125 路、174 路、175 路、192 路、196 路、199 路、203 路等在阿德莱德街站（Adetaide Street Stvp）下可到

📞 07-38312711

🕙 周一至周四 09:00 ～ 17:00，周五 09:00 ～ 20:00，周六 09:00 ～ 17:00，周日 10:00 ～ 16:00，公共假日 10:00 ～ 16:00

@ www.brisbanearcade.com.au

布里斯班拱廊（Brisbane Arcade）位于皇后街上，是布里斯班最古老的百货商场之一，建于 1923 年，为维多利亚建筑风格。

布里斯班其他购物地推荐

名称	地址	网址	营业时间
Woolworths Toowong	当地主要的连锁超市品牌，有衣物、鞋子、家居用品等出售	31 High Street, Toowong QLD, Brisbane	09:00 ~ 17:00
南岸公园集市（Lifestyle Market）	集市上出售的大多是布里斯班当地手工打造的家居装饰品、漂亮的传统工艺品以及饱含当地特色的各种物事，当然少不了当地风味美食和各种异域风味小吃	Stanley St. Plaza, South Bank, Brisbane	周五 17:00 ~ 22:00，周六 10:00 ~ 17:00，周日 09:00 ~ 17:00

娱乐

布里斯班有很多娱乐方式，除了不逊于其他城市的酒吧、剧院、舞厅外，布里斯班也有它最独特的娱乐方式，如乘渡轮游布里斯班河，攀登故事桥欣赏布里斯班全景，骑自行车游览布里斯班市区风光等，这里一定有你喜欢的娱乐项目。

布里斯班娱乐场所推荐

名称	简介	地址	电话
布里斯班娱乐中心	大型体育活动的举办场地，也是一些国际性音乐会的举办场地	Boondall,Brisbane	07-32658111
The Zoo	非常有名的音乐殿堂，各种类型的音乐都有表演，还有许多歌手和乐队也都喜欢在此演出	711 Ann St.,Fortitude Valley,Brisbane	07-38541381

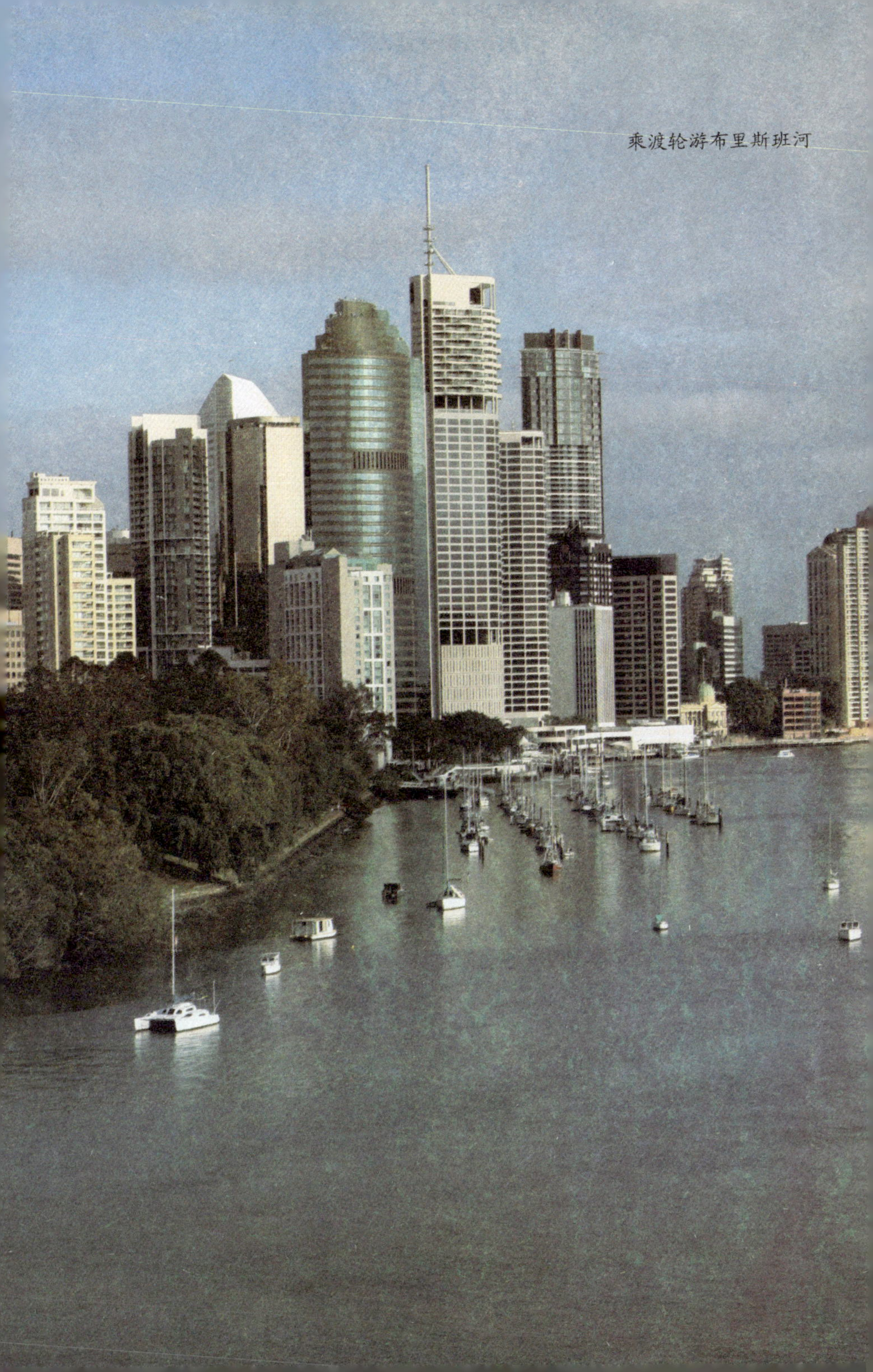

乘渡轮游布里斯班河

Part ⑤ 凯恩斯

无需门票，体验凯恩斯"心"玩法

Part 5 凯恩斯
凯恩斯市区

1 · 热闹的节日活动 ·

凯恩斯节日活动信息

名称	日期	举办地	简介
大堡礁美食节	7月	汉密尔顿岛	在如画般的美景中享受美食，学习厨艺经验
奥迪汉密尔顿岛帆船周	8月	汉密尔顿岛	澳大利亚规模最大的年度陆地龙骨船赛艇会
海龟筑巢和产卵	9月至次年4月	大堡礁	多种海龟在此产卵，在世界别的地方都很难看到

Part 5 凯恩斯
凯恩斯市区

2·免费资讯助你游·

凯恩斯植物园游客中心	
服务内容	解答游客在凯恩斯旅游的相关问题
地址	Collins Ave.,Cairns
电话	07–40323900
交通	乘坐 131 路至 Collins Ave C87 站下车
开放时间	08:30 ~ 16:00，08:30 ~ 13:00，法定假日不开放

Part 5 凯恩斯
凯恩斯市区

3·不要门票怎样能玩 High·

不花 1 分钱 游览凯恩斯的线路

大堡礁： 在巨大的珊瑚礁群中欣赏美丽的风光

📱 到凯恩斯码头乘游轮前往

凯恩斯前滩漫步道： 在风景优美的漫步道上感受凯恩斯的独特魅力

📱 乘坐 110 路、111 路、113 路、121 路公交车

人工潟湖： 在美丽的人工潟湖中畅游一番

📱 乘坐 402 路、411 路、412 路、414 路公交车

凯恩斯夜市： 在热闹的夜市中品尝美食，欣赏精巧的工艺品

零元游凯恩斯市区

1

·大堡礁·

旅游资讯

🏠 Coral Sea,off the coast of Queensland,Cairns

📞 07-47500700

🚌 去大堡礁的外堡礁观光一般都是乘船或直升机，从凯恩斯大堡礁船队码头或附近出发。乘船需用1～2个小时的时间，乘直升机需用20分钟左右即可抵达外堡礁的海上浮动平台

@ www.greatbarrier reef.org

大堡礁（Great Barrier Reef）是世界上最大、最长的珊瑚礁群，也是世界七大自然景观之一。这里有2900个大小珊瑚礁岛，自然景观非常独特。在落潮时，海水退去，部分的珊瑚礁便会露出水面形成珊瑚岛，成为连接珊瑚礁群和海岸之间的一条极为方便的交通路。漫步在此，欣赏周围湛蓝清澈的海水、一望无际的晴空和美丽的珊瑚岛，绝美景色令人流连忘返。

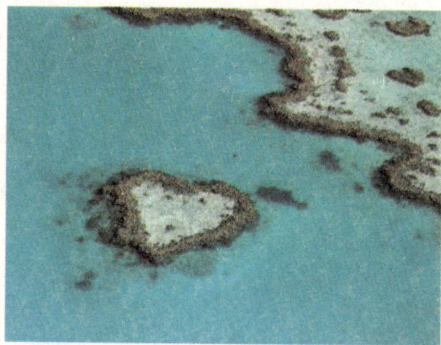

汉密尔顿岛（Hamilton Island）位于大堡礁的边缘处，是探索圣灵群岛独特热带环境的绝佳之地。平静的水面、温暖的气候、迷人的珊瑚礁以及各式各样的动植物，让这里成为了如天堂一般美丽的地方。除了美丽的自然风光外，这里还有许多丰富的娱乐活动，其中著名的便是探索心形堡礁和最美白天堂沙滩。

圣灵群岛(The Whitsundays)坐落在大堡礁的中心位置，由74座珊瑚岛屿组成。这里有多种多样的娱乐活动，航海、巡航、独木舟、丛林远足、观景飞行、浮潜、水肺潜水等，这些活动一定能给你带来许多新鲜美好的体验。

凯恩斯前滩步道（Cairns Promenade）是一条能体现凯恩斯独特魅力的漫步道，周围的礁湖是凯恩斯最受欢迎的景点之一。礁湖的水与凯恩斯前滩步道的地面相平，有时走在路上，会突然感觉自己就像在湖中漫步一样。人们在礁湖里可以自由玩耍，或者卷起裤腿在湖边嬉戏，

也可以享受游泳、日光浴、野餐的乐趣。即使什么都不做，美丽的景致也会让你心情愉悦。

凯恩斯植物园（Flecker Botanic Gardens）占地辽阔，院内植物繁多，种类丰富，其中还包括许多稀有植物。美丽的花卉和各种的热带水果遍地都是，即使对花卉植物没有爱好的人，也可以看得津津有味。此外，院内还有延伸至湖边的散步道及烤肉区，你可以在此悠闲地度过一整天。

Part 5 凯恩斯
凯恩斯市区

2
凯恩斯前滩步道

旅游资讯

🏠 Esplanade,Cairns
📞 07-40443715
🚌 乘坐 110 路、111 路、113 路、121 路、130 路、131 路公交车至 Sheridan St C225 站下车，步行即到
@ nightmarkets.com.au

Part 5 凯恩斯
凯恩斯市区

3
· 凯恩斯植物园 ·

旅游资讯

🏠 Collins Ave., Cairns
📞 07-40323900
🚌 乘坐 131 路至 Collins Ave C87 站下车即到
⏰ 07:30 ~ 17:30
@ www.cairns.qld.gov.au

Part 5 凯恩斯
凯恩斯市区

4
· 人工潟湖 ·

旅游资讯

🏠 52-54 The Esplanade,Cairns

📞 07-40443715

🚌 乘坐110路、111路、113路、121路、130路、131路公交车至Sheridan St C225 站下车，步行即到

◎ 06:00 ～ 21:00，周三 15:00 ～ 21:00 休息

人工潟湖〔**Cairns Esplanade Lagoon**〕是一个人工海滩游泳湖，占地面积约4平方公里，风景秀丽，沙滩延绵，海水清澈。这里的恒温游泳池是免费开放的，水质很好，与海水仅有一墙之隔，每到周末，许多凯恩斯的市民便会到此享受假期。另外，湖周边还有许多游乐设施以及免费BBQ区域，在享受湖水带来的乐趣的同时也可以美美地饱餐一顿。

Part 5 凯恩斯
凯恩斯市区

5
· 凯恩斯夜市 ·

旅游资讯

🏠 71-75 The Esplanade, Cairns

📞 07-40517666

🚌 乘坐 110 路、111路、113 路、121 路、130 路、131 路公交车至 Sheridan St C225 站下车，步行即到

◎ 17:00 ～ 23:00

@ nightmarkets.com.au

凯恩斯夜市〔**Cairns Night Market**〕主要贩卖昆士兰的旅游纪念品，还有各种美食市场，非常的热闹。凯恩斯夜市是凯恩斯最具代表性的夜市之一，在此，可一边品尝美味的特色美食，一边欣赏特色的工艺品，感受这条凯恩斯夜市的独特魅力。另外，这里还有许多街头艺人表演，给这个地方增添了许多文艺气息。

费兹洛伊岛（Fitzroy Island）又称翡翠岛，是一座土石构成的大陆岛屿，近海覆满了珊瑚礁，海水清澈，非常适合近海潜水。岛上有独特的热带雨林景致，并设有多条漫步道，其中一条可以通往岛上的灯塔。从码头步行 15 分钟可以到达天体沙滩。另外，岛上还提供海上划艇，可以划至小翡翠岛。

Part 5 凯恩斯
凯恩斯市区

6

·费兹洛伊岛·

旅游资讯

🏠 Fitzroy Island, Cairns

📞 07–40446700

🚐 从凯恩斯 Reef Fleet 码头乘坐前往岛上的游船可到

@ www.fitzroyisland.com

棕榈湾（Palm Cove）是凯恩斯著名的度假胜地，是澳洲许多新婚夫妇度蜜月之地。这里有美丽的蓝天白云、绿海沙滩，风景如画，更有一种独特的静谧气氛，非常适合人们在此休闲度假。

Part 5 凯恩斯
凯恩斯市区

7

·棕榈湾·

旅游资讯

🏠 139 Williams Esplanade,Cairns

🚐 由凯恩斯驾车约需 30 分钟

139

零元游凯恩斯周边

旅游资讯

🏠 Kuranda, Que-
ensland

📞 07-40939311

🚌 从凯恩斯搭乘风
景列车前往，一个半
小时便可到达。单程
成人 49 澳元，往返
74 澳元，每天从凯恩
斯车站出发，共两班，
08:30 和 09:30 出发

@ www.greatbarriere
ef.org

库兰达 (**Kuranda**) 是位于巴伦的一个热带雨林小镇，因其风景优美而被誉为"童话小镇"。库兰达镇虽小，却因地处风景极其优美的热带雨林之中而远近闻名，其内也有众多的景点。高耸的百年古树、飞流直下的银色瀑布，涓涓的小溪流水，珍奇的野生动物，以及道旁随处可见的散发着浓郁香气的各色小花，使这个地方成为了随处皆是景观的世外桃源。

库兰达热带雨林公园 (Rainforestation Nature Park)

距离库兰达小镇约 5 分钟车程，位于高速公路上。在这里你不仅可以享受乘坐独有的两栖水路两用军车穿梭热带雨林和热带水果园的乐趣，也可以欣赏到帕玛吉丽原住民舞蹈表演，观赏如何抛掷回力镖和射箭、吹奏迪吉里杜管，还可以观赏到考拉、袋鼠、树袋熊和鳄鱼等野生动物，是个乐趣十足的自然公园。

蝴蝶屋 (Butterfly Sanctuary) 正如它的名字一样，拥有许多美丽的蝴蝶，共计 1500 多种。在这里你可以看到蝴蝶幼虫变化成蝶的过程，也可以穿上鲜艳的衣服，体验被蝴蝶环绕的感觉，非常美妙。库兰达热带雨林公园门口每天都有接驳巴士开往不远处的蝴蝶屋，蝴蝶屋位于小镇中心的 8 Rob Veivers Drive 路上，有免费导游向参观者讲解蝴蝶的生活周期与习性。

鸟类世界 (Birdworld Kuranda) 距离蝴蝶屋非常近。这里模拟了 80 多种鸟的生存环境，有聪明的金刚鹦鹉、濒危的食火鸡、吵闹的彩虹鹦鹉、粉红的凤头鹦鹉、白色的美冠鹦鹉等，来到此地，仿佛进入了一个鹦鹉的世界，让它们停留在你的肩上，欣赏这美丽的精灵，一定是一个独特的体验。鸟类世界的开放时间为 09:00 ～ 16:00。

巴伦瀑布 (Barron Falls) 是布兰达最著名的景观，而其上瀑布观景台是昆士兰州最著名的观景点之一，每天都要接待成千上万的游客。巴伦瀑布雄浑壮阔，尤其是身处观景台时，源源不断的水流以雷霆万钧之势奔流而下，随着巨大的轰鸣声，形成几米高的巨大水幕，非常壮观。游客可以从 Barron Falls 火车站下车后步行前往。

库兰达集市： 在库兰达如果想要购物的话，不妨到这里来看一下。库兰达集市有超过 20 年的历史，与很多传统集市不同，库兰达每天都会开放，非常方便，玩具、珠宝、服饰、美味的小吃和啤酒应有尽有。另外，这里还有澳大利亚原住民的乐器迪吉里杜管，感兴趣的人不妨来看一下。

2
·丹翠国家公园·

旅游资讯

Cook Highway,
Cape Tribulation,
Queensland
07-40980063
由凯恩斯市区驾
车约 2 个小时到达
@ www.nprsr.qld.
gov.au

丹翠国家公园（Daintree National Park）是世界自然遗产昆士兰湿热带地区的一部分，由苦难角和莫斯曼峡谷组成。

苦难角（Cape Tribulation）可以体验两处澳大利亚最著名的世界遗产保护区，分别为大堡礁和湿热地带世界遗产区。苦难角的景点多以原始海湾美景为主，依山傍水，风景优美，是一个安逸、静谧的休憩场所。在这里游玩的游客需要注意，在一些沙滩上会有鳄鱼出没，所以一定要看清沙滩上的指示牌后进行游玩。到达苦难角需要坐摆渡船到达，坐摆渡的地方在莫斯曼以北 24 公里丹特里河横水渡的岔路口。

莫斯曼峡谷（Mossman Gorge）是丹翠国家公园的入口，这里拥有大片的雨林和山峦，青山在阳光下透亮明艳，翠绿欲滴，令人陶醉。另外，这里还有许多珍惜的野生动物，如巨果鸠、纹袋貂、澳棕短鼻袋狸、麝袋鼠、鸭嘴兽、澳洲针鼹、黑尾袋鼠等，运气好的话还可以看到这里独有的一种叫食炎鸡（Cassorwary）的澳洲国宝大鸟，公园为这些动物提供了最好的栖息地和繁殖环境，有非常高的保护价值。

阿瑟顿高原（**Atherton Tablelands**）是昆士兰州大分水岭的一部分，海拔 600 ~ 900 米。这里自然风光优美，土地肥沃，气候宜人，拥有大面积的植被和种类繁多的动物。从凯恩斯前往阿瑟顿高原的路上，可以欣赏到延绵不绝的牧场、高低起伏的山丘、整洁繁密的芒果农场、古老悠然的百年小镇等，行驶在路上，仿佛在欣赏一首动听的音乐。另外，这里也是徒步探险、观鸟、探索野生动物及有袋动物的好地方。空中漂浮的热气球也是在这里能体验到的特色旅行方式之一。

Part 5 凯恩斯
凯恩斯周边

3

· 阿瑟顿高原 ·

旅游资讯

🏠 Atherton Tablelands
📞 02-80060517
🚐 无公共交通到达，建议自驾前往

戴恩树热带雨林（**Daintree Rainforest**）是世界上最古老的热带雨林之一，这里拥有地球上最多的动植物种类。在戴恩树热带雨林游玩，可以欣赏到各种珍稀的动植物，高大的古树、茂密的森林、健壮的野马、凶狠的鳄鱼，会令你不禁感叹自然的美妙与伟大。总之，来这里游玩一定不会让你失望。

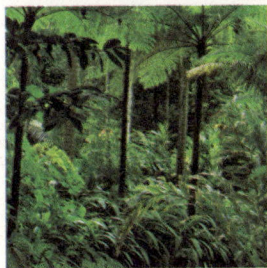

Part 5 凯恩斯
凯恩斯周边

4

· 戴恩树热带雨林 ·

旅游资讯

🏠 2333 Cape Tribulation Rd.,Cape Tribulation
📞 07-40989126
🚐 无公众交通，需要由凯恩斯自驾前往
🕗 08:00 ~ 18:00
@ www.daintreerainforest.com

🟪 不要门票也能 High

热带雨林比较大，如果时间充裕的话可以在此留宿一晚。另外，春季是动植物最为活跃的季节，也是来这里旅游的最佳时间。

· 凯恩斯→汤斯维尔

汤斯维尔〔**Townsville**〕是一个热带城市，也是昆士兰州北部的最大城市。这里既有商业大都会的风情，也有热带环境的风景，城市东面的美丽小岛，是极受游客欢迎的度假区。

前往汤斯维尔

1. 飞机：汤斯维尔国际机场（Townsville International Airport）是昆士兰州第二个国际机场，设有通往悉尼、墨尔本、堪培拉、凯恩斯、达尔文等澳大利亚主要城市的航线，非常便利。由凯恩斯乘坐飞机至此约需要 50 分钟，票价约为 300 澳元。

2. 火车：从凯恩斯到汤斯维尔的火车有 The Sunlander 号以及 The Queenslander 号列车，非常便捷。

3. 长途汽车：由凯恩斯乘坐舒适的长途汽车去汤斯维尔也是不错的选择。灰狗巴士是主要选择，车上有齐全的配套，非常舒适。由凯恩斯出发到汤斯维尔的巴士一天有 4 班，出发时间与到达时间分别是 01：00 ~ 05：25、06：45 ~ 12：40、13：45 ~ 19：40、08：15 ~ 14：15（终点为布里斯班，中停汤斯维尔），票价为 60 ~ 110 澳元。地址：Reef Fleet Terminal-Stop D-Bays 16 & 17.

4. 自驾：当然，除了以上这几种方式外，自驾也是非常不错的选择。因为在凯恩斯和汤斯维尔之间有很多风景优美的景点，自驾的自由性能够让你充分享受旅途的愉悦。

Strand 海滩（**The Strand Beach**）是汤斯维尔紧邻市区的一片海滩，水质清澈，风景秀丽，海浪较小，适合在这里游泳。在这里可以远眺美丽的海岛，享受日光浴，也可以下海畅游一番。

城堡山（**Castle Hill**）曾是电影《魔戒》《纳尼亚传奇》的取景地，景色非常奇特。来到这里的游客都会被壮观的石灰岩巨石阵所震撼，吸引了不少的攀岩高手前来。同时，这里还是俯瞰汤斯维尔城市全景的好地方，站在山顶眺望，美丽城市和无边的大海映入眼帘，令人心旷神怡。

Part 5 凯恩斯
凯恩斯周边

1
·Strand 海滩·

旅游资讯

The Strand, Townsville

由汤斯维尔市区步行可到

Part 5 凯恩斯
凯恩斯周边

2
·城堡山·

旅游资讯

Castle Hill, Townsville

山下修有直通山顶的车道，推荐自驾前往

凯恩斯·旅游资讯

交  通

✦飞机✦

　　前往凯恩斯旅行，乘坐直达航班前往是便捷的出行选择，目前从中国直达澳大利亚凯恩斯航班的城市主要是上海和香港。凯恩斯国际机场是中国游客到达凯恩斯的主要机场。

凯恩斯国际机场简介	
地址	Airport Ave,Cairns
交通	**1. 机场巴士** 机场巴士根据目的地分配车，人满即走，直达酒店 电话：07–40488355 票价：9～10 澳元 **2. 太阳棕榈巴士** 乘坐地点在国内和国际航站楼的抵港大厅外 电话：07–40872900 运营时间：06:00～23:00，周五、周六 24 小时运营 经过区域：市中心、北部海滩、棕榈滩、道格拉斯港 票价：12 澳元，而且可以买往返票 **3. 出租车** 凯恩斯国际机场离市中心并不是很远，所以出租车也是非常方便的交通方式。而且到达大厅出来，就能看见等候的出租车，非常方便 电话：07–40488333 价格：到市区 25 澳元左右

✦ 火车 ✦

从布里斯班到凯恩斯可以乘坐"看路的太阳"号和"昆士兰人"号列车前往。终点站是位于马克洛德街的火车站。凯恩斯火车站交通方便，通有众多公交车线路，从这里步行 10 分钟可抵达凯恩斯市区广场，到海滨广场也只需步行 10 分钟便可。

✦ 长途汽车 ✦

凯恩斯的巴士总站位于三一码头，这里停靠着通往凯恩斯的所有的长途巴士，从这里通往海滨广场步行只需 5 分钟。

凯恩斯长途汽车信息	
出发站	用时
因尼斯费尔	1 小时 30 分钟
米申海滩	2 小时
塔利	2 小时 30 分钟
道格拉斯港	1 小时 30 分钟
特里比莱申角	4 小时

✦ 市内交通 ✦

公交车

凯恩斯比较小，在市内可以步行游览，但是如果前往郊区的海滩可以搭乘公交车。在凯恩斯共有 4 家公交车公司，即 Cairns Trans、Marlin Coast Sunbus、Whitecar Coaches、The Beach Bus，其中 Whitecar Coaches 的线路覆盖了内陆地区阿瑟顿高原方向；Marlin Coast Sunbus 的线路覆盖了凯恩斯北部及马琳海岸一带；Cairns Trans 主要连接市内周边地区。

相比其他 3 家公交车公司，The Beach Bus 来往于凯恩斯与三圣海滩、棕榈湾和马林海岸等，是最受游客的欢迎的公交车运行线路。始发站在市区广场附近的雷克街，此趟车每小时一班，主要运行时间为 07:55 ~ 17:40。

空中缆车

空中缆车（Skyrail）是游览凯恩斯热带雨林的最佳方式之一，同时也是凯恩斯一道独特的风景线。缆车位于凯恩斯市区北部 15 公里处，目前是世界上最长的游览缆车。缆车连接库兰达和卡拉沃尼卡湖站，经过拜伦瀑布，游客可以一睹其澎湃汹涌的奇景。缆车单程成人 39 澳元，儿童 19.5 澳元，家庭 97.5 澳元；往返成人 56 澳元，儿童 28 澳元，家庭 140 澳元。

美 🍴 食

凯恩斯特色美食推荐 🎀

澳大利亚泥蟹

澳大利亚泥蟹以其个大、肉嫩、味道鲜美举世闻名，尤其是身躯庞大，属于蟹族中的巨无霸。昆士兰盛产泥蟹，且质量极高。

昆士兰牛肉

昆士兰的农牧业有很好的环境，为这里的牛提供了天然饲料，使得这里的牛肉质鲜嫩，纹理分明。这样的牛肉配上鲜美的酱汁能够搭配出原始的牛肉滋味。

鲍鱼

澳大利亚盛产鲍鱼，但是澳大利亚人不怎么吃鲍鱼。凯恩斯的鲍鱼个头大、味道鲜嫩，在中餐馆能吃到鲜味十足的鲍鱼。

澳大利亚坚果

澳大利亚坚果的营养价值最高，素来享有"干果之王"的美誉。昆士兰州拥有大片的坚果种植地，这些坚果具有很高的食用价值和药用价值，有治疗心血管疾病、抗衰老等作用。

烤肉

在凯恩斯的许多餐厅都能吃到正宗的澳大利亚烤肉，烤牛排和鸡肉串都非常受欢迎。你若是想自己烧烤，可以选择沿海的公园，那里有很多烧烤架。

■ 凯恩斯餐厅推荐 ■

食通天海鲜酒家

🏠 Rydges Plaza Hotel, 32—40 Spence St., Cairns
📞 07-40412828
@ www.cafechina.com.au

食通天海鲜酒家是一家非常受欢迎的中国餐馆，隐藏在凯恩斯闹市之中，在澳大利亚大陆上发扬光大。餐馆老板将鲍鱼和龙虾作为餐厅的主打，吸引了一批又一批忠实粉丝前来品尝。餐厅内装修充满了中国传统气息，经营点餐和自助餐，几乎天天爆满，是当地华人的福音，也是喜爱中餐的外国友人最常去的餐馆之一。

红奥卡烤肉专卖店

🏠 43 Shields St., Cairns
📞 07-40510100
@ ochrerestaurant.com.au

红奥卡烧肉专卖店（Red Ocher Grill）是凯恩斯出名的烤肉餐厅，烤肉原材料选用新鲜的海鲜、各种肉类，再加上特别调制的酱汁，风味独特。另外，在这里可以吃到现烤的鳄鱼肉和袋鼠肉，这也是食客们前往的原因之一。餐厅提供的菜品量很大、价格公道，最主要的是还供应新鲜的热带水果，绝对是凯恩斯首屈一指的好餐厅。

凯恩斯其他餐厅推荐			
名称	地址	电话	网址
Kani's Restaurant	59 Esplanade, Cairns	07-40511550	www.kanis.com.au
Bushfire Flame Grill	43 Esplanade, Cairns	07-40441879	www.bushfirecairns.com
La Fettuccina	41 Shields St., Cairns	07-40315959	www.lafettuccina.com
El Mundo Tapas	120 Moo 2, Ao Nang Beach, Krabi	07-4032550	www.elmundotapas.com.au
Tamarind Restaurant	35—41 Wharf St., Cairns	07-40308897	www.reefcasino.com.au

住宿

　　凯恩斯作为一个旅游胜地，有各种各样的住宿地供游客选择。凯恩斯虽然是个小城市，但是住宿条件都是相对较好的，经济实惠的旅馆大多在海滨广场及附近。市中心汇集了很多住宿地，且交通便利，选择这里最适合不过了。因为凯恩斯没有其他城市那样喧闹的噪音，来这里度假，可以享受休闲的假期和美好的时光。

■ 凯恩斯住宿地推荐 ■ ♒

✚ 杰克纽厄尔豪华公寓

　🏠 27-29 Wharf St.，Cairns
　📞 07-40314990
　@ www.jacknewellcairns.com.au

杰克纽厄尔豪华公寓（Jack & Ne-well Luxury Apartments）位于凯恩斯码头附近，距离凯恩斯国际机场有 15 分钟的车程。所有公寓都设有洗衣设施以及配备了洗碗机、微波炉等设备齐全的厨房。客人可以在烧烤区用餐，或者在阳光露台上放松身心。此外，公寓旅游咨询台可预订雨林之旅和前往大堡礁的行程。

购物

　　凯恩斯除了一些大型的购物中心和百货商店之外，还有很多受欢迎的特色产品。想要寻找传统手工艺品的游客可以到集市和露天市场，在那里可以真正地体验到购物的乐趣。喜欢高档商品的游客可以到大型购物中心，里面商品琳琅满目，应有尽有。

■ 凯恩斯购物地推荐 ■ ♒

✚ 凯恩斯中央购物中心

　🏠 1-21 McLeod St.，Cairns
　📞 07-40414111
　🚌 乘坐火车到凯恩斯站下，对面即是
　🕐 周一至周三 09:00～17:30，周四 09:00～21:00，周六、日 10:30～16:00

凯恩斯中央购物中心（Cairns Central Shopping Centre）作为澳大利亚北部地区最大的购物区，拥有超过 180 家的零售店铺。其毗邻凯恩斯车站，里面还有一个 Myer 专卖店、一个国际食品商店和一个电影院，是当地购物休闲的绝佳去处。

凯恩斯 DFS 环球免税店

🏠 Abbott St. & Spence St., Cairns
📞 07-40312446
🕐 12:00 ~ 20:00

凯恩斯 DFS 环球免税店位于市中心，共有二层营业大厅，是凯恩斯唯一的奢侈品购物场所。其一层主要是销售国际品牌及手表，二层以销售时装、配饰、化妆品、酒类及纪念品为主。

凯恩斯其他购物地推荐

名称	简介	地址	营业时间
凯恩斯夜市	有超过 40 个大大小小的商店，包括大型熟食中心，此外，这也是买纪念品的最佳地方。从中可以体会到浓厚的热带风情和淳朴的民风	Esplanade, Cairns	04:30 ~ 午夜
王妃珠宝	售卖澳大利亚特有的、极具个性的蛋白石珠宝作品，有多种高档品牌的手表，款式丰富齐全，质量和售后服务都可以保证	53-57 Esplanade, Cairns	10:00 ~ 22:00
OK 礼品坊	纪念品购物地，有蛋白石珠宝饰品、毛衣、蜂胶、巨泉品牌商品、石阪浩二设计的 T 恤、白无尾熊等特色商品	61 Abbott St., Cairns	09:00 ~ 22:00
崩兹	毛衣采用澳大利亚特产的羊毛制作，柔顺温暖，配上特色手工扣，非常时尚	Cnr. Lake St. & Spence St., Cairns	周一至周五 09:00 ~ 22:00，周六至周日 10:00 ~ 22:00
礁石艺廊	这里销售艺术家创作的作品，以大堡礁等澳大利亚著名的自然景观为创作背景，制作成玻璃制品、雕刻品等种类丰富的工艺品	2 Pier Point Rd., Cairns	周六至周日 09:00 ~ 17:00

娱乐

凯恩斯的娱乐生活丰富多彩，可以在剧场里欣赏一场精彩的演出，也可以在夜总会中享受美妙时光，还可以在酒吧之中一边品尝美酒，一边在浪漫的音乐中听一听别人的故事。与热闹的悉尼、墨尔本不同，凯恩斯更像一个世外桃源，虽然没有它们的热闹与繁华，但在这里却能享受到一份凯恩斯独有的悠闲与安逸。可以在浩瀚的海洋里漫游，探寻一个新的世界；也可以在热带雨林当中，享受融入自然的美妙感觉。凯恩斯的夜晚还有美丽壮观的萤火虫表演，更是不能错过的奇观。

Part6 珀斯
无需门票，体验珀斯"心"玩法

Part 6 珀斯
珀斯市区

1·热闹的节日活动·

珀斯节日活动信息			
名称	日期	地址	简介
珀斯国际艺术节	2～3月	珀斯	届时将有种类繁多的艺术表演，能够欣赏到澳洲顶级艺术家的水准，并且有针对不同人群而做的活动和展览
珀斯冬日艺术节	6～8月	珀斯的餐馆和高端酒吧	可以欣赏到多彩的艺术表演，并且还有美食相伴
珀斯国际高尔夫锦标赛	10月	卡林亚普湖乡村俱乐部	国际顶尖高尔夫球手聚集一堂的比赛，喜欢打高尔夫球的朋友不妨去看一下

Part 6 珀斯
珀斯市区

2·免费资讯助你游·

西澳游客中心	
服务内容	能提供珀斯以及西澳大利亚其他地方的旅游资讯，对旅行非常有帮助
地址	55 William St.,Perth
电话	08-94831111
开放时间	周一至周五 9:00 ~ 17:30，周六 9:30 ~ 16:30，周日 11:00 ~ 16:30
网址	www.bestofwa.com.au

Part 6 珀斯
珀斯市区

3·不要门票怎样能玩 High·

不花1分钱 游览珀斯的线路

伦敦街：在这条古老的街道上感受浓厚的英伦风情

🚶 步行

西澳大利亚博物馆：在这座别具一格的博物馆里了解澳大利亚的历史

🚌 乘坐 37 路、39 路公交车

国王公园：在美丽的公园中俯瞰珀斯全景，度过悠然时光

🚌 乘坐 102 路公车

科特斯洛海滩：在风景优美的海边欣赏浪漫的日落

零元游珀斯市区

1
· 西澳大利亚博物馆 ·

旅游资讯

🏠 Cultural Centre, Perth

◎ 10:00 ~ 17:00

🚐 从珀斯火车站穿过 Roe St. 即到

📞 08—92123700

@ www.museum. wa.gov.au

西澳大利亚博物馆（**Western Australia Museum**）分为主楼展厅、旧监狱和旧法院大楼 3 个部分，特殊的展品加上带有历史沧桑感的建筑使得这座博物馆别具一格。这里的收藏品以生物化石和原住民工艺美术品为主，另外，欧洲的古董车、重达 11 吨的陨石等一些不常见的收藏品也能在此见到。

布莱克斯建筑（Barracks Arch）是珀斯是最古老的标志性建筑之一，位于市区中心，建于 1860 年。整个建筑物的设计模式采用英国 15 世纪都铎王朝时代的建筑特色，用传统的荷兰式建筑手法建造，这在澳洲是独一无二的欧式建筑珍品。漫步在这里，体验独特的欧式气息，非常雅致。

珀斯当代艺术研究院（Perth Institute of Contemporary Arts）主要用于为当地艺术家提供展示的平台，成功推动了珀斯当地艺术的发展，给许多艺术家提供了宝贵的机会。这里有摄影、雕刻、影视等艺术作品的展示，也不乏许多高质量的作品。珀斯当代艺术研究院的存在印证了珀斯对艺术文化的看重，是一个很有意义的地方。

Part 6 珀斯
珀斯市区

2
·布莱克斯建筑·

旅游资讯

🏠 Malcolm Street, Perth
📞 08-94613333
🚌 乘坐 24 路、25 路、27 路、37 路巴士在 St Georges Tce Milligan 下车可到
@ www.lifeonperth.com

Part 6 珀斯
珀斯市区

3
·珀斯当代艺术研究院·

旅游资讯

🏠 Perth Cultural Centre James St., Perth
📞 08-92286300
🚌 从珀斯火车站步行可到
🕙 周二至周日 10:00 ～ 17:00
@ www.pica.org.au

Part 6 珀斯
珀斯市区

4

· 西澳大利亚艺术馆 ·

旅游资讯

🏠 Perth Cultural Centre Roe St., Perth
📞 08-94926622
🚗 从珀斯火车站步行可到
🕙 10:00 ~ 17:00
@ www.artgallery.wa.gov.au

西澳大利亚艺术馆（Art Gallery of Western Australia）主要展出西澳大利亚当地艺术家的作品，包括原住民文化艺术品，也有许多来自世界各地的知名作品。另外，这里还经常举办闻名世界的艺术作品展览，同时它也是澳大利亚唯一一座与纽约现代艺术博物馆 MoMA 合作的艺术馆。

伦敦街（Loudon Court）是珀斯最著名的古老街道之一，是一条有着浓厚英国风情的小街。伦敦街上有很多出售澳大利亚当地特色产品的店铺，如 UGG 和原住民艺术品等。伦敦街的入口处有一个古老的钟表，是仿照英国伦敦大本钟建造的。漫步在这里，欣赏独具特色的英式建筑，感受美妙的英伦风情，非常惬意。

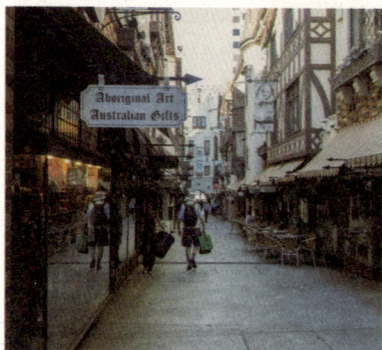

Part 6 珀斯
珀斯市区

5

· 伦敦街 ·

旅游资游

🏠 647-653 Hay St., Perth
🚗 从珀斯火车站步行 15 分钟可到
🕙 周一至周六 05:00 ~ 21:00，周日 06:00 ~ 21:00

🟥 **不要门票也能 High**

　　位于市中心的伦敦，街隐藏在周围的高楼大厦之间，非常适合在周边的购物中心逛完后来这里感受一下悠闲浪漫的气氛。

圣乔治大教堂（St.George's Cathedral）是西澳大利亚历史最悠久的基督教堂，也是为数不多的由手制混凝土砖块建造的教堂之一。教堂的建筑风格和内部装潢风格都充满了浓厚的欧洲特色，漂亮的画像和美丽的彩色玻璃记录了西澳大利亚古老的故事。

同时，这也是澳大利亚唯一的教堂教育中心，以创新而有争议的神学教学、流星讲道而知名。

西澳大利亚大学（The University of Western Australia）是澳大利亚最古老和最出名的大学之一，也是澳大利亚八大五星院校之一，至今已有100多年的历史。除了优秀的教学质量外，西澳大利亚大学校内建筑古典庄重，环境自然优美，是一个值得停留的地方。另外，西澳大利亚大学还是一所开放式大学，周边美丽的天鹅湖和国王公园，都与这个历史悠久的学府融为一体，美不胜收。

🟪 不要门票也能 High

你可以在这里悠闲地散步，欣赏周围的风景，感受校园独特的气氛，也可以去图书馆、教学楼等，感受这里的学习氛围，回忆美好的青春时代。另外，艺术系里还有放养的孔雀，非常有特色。

Part 6 珀斯
珀斯市区

6

·圣乔治大教堂·

旅游资讯

🏠 38 Saint Georges Terrace，Perth

🚌 乘坐24路、25路、27路、103路、111路公交车在St Georges Tce下车

🕖 07:00 ～ 18:00（冬天开放至17:30），其中12月25日07:00 ～ 12:00，12月26日07:00 ～ 15:00，其他法定节假日07:00 ～ 17:00

@ www.perthcathedral.org

Part 6 珀斯
珀斯市区

7

·西澳大利亚大学·

旅游资讯

🏠 35 Stirling Hwy，Perth

📞 08-64886000

🚌 在珀斯公交总站乘坐78路、79路、23路、102路或107路公交车到西澳大学站下车即到

@ www.uwa.edu.au

Part 6 珀斯
珀斯市区

8

·国王公园·

旅游资讯

🏠 Kings Park, Fraser Ave., Perth

🚌 乘坐 37 路或者 39 路公交车直达

🕐 公园和植物园全天开放，原住民文化艺术馆开放时间为周一至周五 10:30 ～ 16:30，周六、周日 11:00 ～ 16:00

国王公园（**Kings Park**）是西澳大利亚最有名的公园及植物园，景色非常壮观，这里的景观台可以俯瞰整个珀斯和天鹅湖的美景。公园里约有 300 多种植物和近百种鸟类，徒步穿过这里的灌木丛，与鸟群近距离接触，是一种不错的游览方式。公园内设有战争纪念碑和永不熄灭的火炬，以纪念在战争中牺牲的战士。另外，这里有大片的草坪和公共烧烤设施，每到假期便会有许多市民来此享用美味。

🎒 不要门票也能 High

在清晨或夜晚，从国王公园俯瞰珀斯的全景，这一景色被很多游客誉为珀斯最美的景观之一。如果喜欢户外烧烤的游客也可以在天气晴朗的时候来这里享受美食。另外，每年的 4 月 25 日是澳大利亚的 ANZAC 节，到时会在这里举行盛大纪念活动。

Part 6 珀斯
珀斯市区

9

·蒙格湖·

旅游资讯

🏠 Mongers Lake, Perth

🚌 搭 Joondalup Line 在 Leederville 站下可到

@ www.cambridge.wa.gov.au

蒙格湖（**Lake Monger**）是一个宁静的湖泊，景色优美怡然，并有黑天鹅在此栖息。在蒙格湖，你可以躺在洁净的草坪上，欣赏这美丽的湖景和优雅的黑天鹅，也可以在此散步，享受美妙的悠闲时光。

珀斯市区美景

零元游珀斯周边

1

· 童年博物馆 ·

旅游资讯

🏠 Edith Cowan Univ.,
Bay Rd., Claremont
🚌 在尼德兰兹乘坐
25 路公交车在 Prin-
cess Rd 站下
🕙 周二至周五
10:00 ～ 16:00

童年博物馆〔**Museum of Childhood**〕位于大学校园内。这是澳洲唯一的以收藏和展览童年时代物品的博物馆，馆内收藏了多达 1.3 万件的儿童时代的玩具、日记、服装和书籍等，其中最引人注目的是一个 1833 年的欧洲玩偶。这里的许多展品都能勾起你孩提时代的回忆，给你不一样的旅行经历。

科特斯洛海滩（**Cottesloe Beach**）是西澳大利利最受欢迎的海滩之一，因为其海浪很大，尤其适合冲浪运动。你可以在此享受美妙的日光浴，体验游泳冲浪的乐趣。另外，这里的日落也非常美丽，落日的余晖将大海染成金色，让在此的游客不禁沉浸于这浪漫氛围之中。

弗里曼特尔（**Fremantle**）这个天鹅河的出海口，是一座著名的古城，也是珀斯的发源地。漫步在这里，不时出现的古老建筑总是让人眼前一亮。路旁有许多装修精致的咖啡馆，坐在那里点上一杯醇香的咖啡，欣赏路边街头艺人的精彩表演，令人心情舒畅。另外，这里每周还会有集市举办，许多颇具特色的商品一定让你流连忘返。

弗里曼特尔艺术中心 (Fremantle Arts Centre)：展出了现代艺术作品以及历史资料，展品包括陶土工艺品、武器与绘画，还有 11 世纪之前的报纸、广告，是一个非常特殊的展览馆。你可以通过这些展品了解西澳大利亚州人民早期的艺术生活。

圆屋 (Round House)：建于 1830 年，是西澳最古老的公共建筑之一，也是西澳大利亚的第一座监狱。圆屋的设计风格非常独特，外形多角而有 12 个面。在圆屋后面临海的一角，过去是海港信号站的地方，每天 13：00，都会有黑球从高竿上掉下来，向附近的船只报时，现在仍向游客提供这样的表演。

不要门票也能 High

由于圆屋居高临下，且濒临印度洋，在此可以看遍市区、港口、印度洋，是当地最佳的观景点。另外，当你在圆屋外面的咖啡馆点上一杯可口的咖啡，欣赏周边的美景也是一个不错的选择。

Part 6 珀斯 珀斯周边

2

· 科特斯洛海滩 ·

旅游资讯

Marine Parade, Perth
乘坐 102 路公车在 Marine Pde After Forrest St. 下车
@ www.cottesloe.wa.gov.au

Part 6 珀斯 珀斯周边

3

· 弗里曼特尔 ·

旅游资讯

Fremantle,Perth
乘坐 160 路、501 路、502 路公交车在 High St. After Queen St. 下车
周五 08:00 ～ 20:00，周六至周日 08:00 ～ 18:00（集市）
@ www.fremantleroundhouse.com.au（圆屋）

4

· 索伦多码头 ·

旅游资讯

🏠 Hillarys Boat Harbor, Hillarys
🚌 乘坐 423 路公交车在 West Coast Dr Before St Helier Dr 站下车可到
@ www.sorrentoquay.com.au

索伦多码头（**SorrentoQuay**）是距离市区很近的海滨，这里由于地处南印度洋海岸，景致独特，风光迷人，充满着热带海洋风情，美丽景观可以媲美澳大利亚东部的黄金海岸。在这里可以冲浪、划艇、游泳和享受海滨阳光浴，岸边的咖啡馆和海鲜餐厅也是风格各异，在这里点一杯咖啡，在美景中静静地享受悠闲时光，也是一种很好的选择。

■ 不要门票也能 High

　　美丽的大海，别致的码头，湛蓝的天空，让这里成为了一个有独特魅力的地方。另外，如果幸运的话，还可以在这里看到可爱的海狮。

尖峰石阵（**The Pinnacles**）是由一群奇形怪状的石柱遍布在沙漠中形成的独特景观。在苍茫的沙丘中，四处矗立着石灰岩塔尖式的石笋，就如同一个个坚毅的战士一般，守护着这片土地，形成一幅萧瑟的景观。黄沙、石柱、蓝天以及白云共同构成的这处奇观，非常值得一看。

5

· 尖峰石阵 ·

旅游资讯

🏠 Nambung National Park, Pinnacles Dr.
🚌 无公共交通，需要自行前往

波浪岩（**Wave Rock**）有"世界第八大奇观"之称，是澳大利亚最著名的景观之一。波浪岩长约 100 米，高出平地约 15 米，是由海登石、河马岩、骆驼岩等串联而成的风化岩石，造型犹如一片席卷而来的波涛巨浪，非常奇特、壮观，也因此得名波浪岩。在这里你不仅能感受到大自然的鬼斧神工，也可以拍一两张有趣的照片留作纪念。

不要门票也能 High

1. 注意前往海登市的 Transwa 巴士每周仅在周二才有车去海登，从海登回珀斯只能在周四。如果不想在当地住上两晚的话，建议参加旅行团包车前往，当天去当天回，或者当天去隔天回。

2. 周二：东珀斯车站发车时间为 08:00，抵达海登时间为 12:40；米兰德车站发车时间为 08:25，抵达海登时间为 12:40。

3. 周四：海登发车时间为 13:16，抵达米兰德车站时间为 17:41，抵达东珀斯车站时间 1 为 8:05 。

4. 去程和回程车费都是 49.4 澳元。车票和车次信息可以到 Transwa 的官网（www.transwa.wa.gov.au）上了解最新信息。

Part 6 珀斯
珀斯周边

6

·波浪岩·

旅游资讯

🏠 Wave Rock Rd., Hyden
📞 08-90411668
🚌 在东珀斯车站和米兰德车站搭乘 Transwa 巴士，可到达波浪岩所在的海登市
@ www.waverock.com.au

罗塔纳斯岛（**RottnestIsland**）是一个原始的、洁净无比的海滩。在这里你可以沿着珊瑚礁和细沙海滩潜泳或让导游带你去会会友善的短尾袋鼠。这里还有许多丰富的娱乐活动，包括游泳、钓鱼、风帆船、高尔夫与登山等。

不要门票也能 High

喜欢海上运动或者喜欢休闲安静的人都能在这里找到适合自己的项目，可以体验捕鱼、潜水、冲浪等的欢乐刺激。另外，这里的风景也十分优美，其自然风貌保存得非常好，原始的海滩，浓密的大树，还有不怕人的各种可爱小动物。在海里还能看到许多澳大利亚南部罕见的热带鱼。如果想要享受悠闲和安静的话，也可以在岛上古朴典雅的咖啡厅坐上一会儿。

Part 6 珀斯
珀斯周边

7

·罗塔纳斯岛·

旅游资讯

🏠 Rottnest Island, Western Australia
🚌 由珀斯码头乘轮渡到达

8
·巴瑟尔顿长桥·

旅游资讯

🏠 Busselton Jetty, Busselton
🚌 在巴瑟尔顿乘坐 815 路、816 路、817 路公交车在 Kent St After Queen St 下车可到

巴瑟尔顿长桥〔**Busselton**〕是南半球最长的木建筑。原长 1939 米，后被大火烧了 580 米，现在还剩 1359 米。长桥一直绵延到海的中央，游客可在桥上漫步，欣赏两边美丽的海景，感受清爽的海风，很是惬意。另外，这里的日落也非常美丽。

玛格丽特河〔**Margaret River**〕风景如画，是西澳大利亚著名的酿酒区。这里三面环海，有超过 60 座大大小小的葡萄园。另外，这里还有美丽的海滩，可以在此冲浪、游泳、钓鱼，欣赏优美的风景。一年一度 Leeuwin Estate 音乐会也十分有名。

9
·玛格丽特河·

旅游资讯

🏠 Wallciffe Rd., Margaret
🚗 从珀斯驾车到玛格丽特河只需 3 小时

玛格丽特河葡萄园风光

珀斯·旅游资讯

交 🚗 通

飞机

目前中国南方航空已经开通了国内与珀斯的直达航班，因此到达珀斯有多种方案：1. 从国内直飞墨尔本或者悉尼，然后转飞机、火车、长途汽车或自驾到达珀斯；2. 在广州白云机场乘飞机直达珀斯；3. 通过国内机场在其他国家或地区转机到珀斯。

珀斯国际机场（Perth International Airport）位于市中心东北约20公里处，有国际和国内2座航站楼。该机场有密集的国际和国内航班往返于珀斯和其他城市之间。目前来往中国和西澳大利亚州的航空公司有澳洲航空（通过香港转机）、国泰航空公司（通过香港转机）、新加坡航空公司（通过新加坡转机）、南方航空（通过广州白云机场直达）。珀斯与澳大利亚各主要都市之间的班机也非常频繁，由悉尼至珀斯约需4小时30分钟，由墨尔本至珀斯需4小时，由阿德莱德至珀斯需要约3小时。

珀斯国际机场简介	
地址	2 George Wiencke Dr.,Perth
电话	08-94788888
交通	**1. 机场巴士** 机场巴士是机场直达珀斯市区的公共交通工具 地点：国际机场候机厅前 途经站：东珀斯火车站、西澳大利亚博物馆、国王珀斯酒店等 电话：08-92777958 票价：13 澳元 运营时间：07:00 ~ 21:00，每 30 分钟一班 网址：www.perthshuttle.com.au **2. 天鹅租车公司** 天鹅租车公司（Swan Taxis）可以通过电话预约 电话：08-131388 价格：28 澳元 **3. 出租车** 出租车约 30 分钟可以到达市区 价格：约需 35 澳元
网址	www.perthairport.com.au

✦ 火车 ✦

　　珀斯设有通往悉尼、横贯澳大利亚大陆的 "Indian Pacific" 号观光列车，最好提前预约，列车每周三趟，周四、周六、周日由悉尼准点开出，周日、周一、周四由珀斯开出，约需 65 个小时，途径阿德莱德，可以在此换乘去墨尔本的列车。由阿德莱德到珀斯的车票为 515 ~ 1178 澳元。订票电话：132147。

✦ 长途汽车 ✦

　　珀斯与澳大利亚主要都市之间都通有灰狗与 Pioneer 两家公司的高速往返长途汽车。从悉尼到达珀斯需要 70 个小时，由墨尔本到达珀斯需要 50 个小时，由阿德莱德到达珀斯需要 36 个小时。乘汽车旅游费用低廉、舒适安全，是非常便捷的交通方式，每天都会有班车从珀斯的惠灵顿街汽车站发车。

🏠 Wellington st.,bus station,Perth

📞 08-131499

◎ 07:00 ~ 21:00

邮轮

珀斯有以澳大利亚的海运门户而闻名的弗里曼特尔港，与新加坡之间通有定期航线，自欧洲开来的邮轮也都停泊在此。

市内交通

公交车

珀斯的公交车基本上有两类，一类来往于住宅区和火车站，第二类直接去珀斯市中心。路线运营时间为 05:00 ~ 24:00，19:00 前一般每 4 ~ 15 分钟一班，之后每 30 或者 60 分钟一班。周末公交车的运营时间比平时短，而且频率更低，尤其是周日。公共假日的运营时间和频率一般和周日的时间相同。

轨道交通

珀斯有 5 条火车线，以珀斯市区为中心分别开往不同的方向。站内可直接购票，火车通常的运营时间为 05:00 ~ 24:00，2 ~ 15 分钟一班直到 19:30，之后每 30 分钟一班。

渡轮

渡轮在天鹅河上来往于 Barrack Street Jetty 和南珀斯河岸（South Perth foreshore）的 Mends Street Jetty 之间，运营时间为 07:00 ~ 23:00，通常每 30 分钟一班，高峰期（07:00 ~ 09:00，16:00 ~ 18:00）每 15 分钟一班。

出租车

出租车通常需要预约。Swan Taxis 和 Black and White Taxis 是最主要的两家出租车公司。晚上要比白天贵很多，00:00 ~ 5:00 及特定的假日（圣诞节和新年前夜）有附加费，周五、周六夜晚比较难打车。澳大利亚打车多数情况下需要和出租车公司预约，预约时可以提出要求，例如可以放轮椅、儿童座椅、多座位的和有导游执照的出租车司机。

出租公司信息		
公司	电话	网址
Black and White Cabs	08-131008	www.bwtaxi.com.au
Swan Taxis	08-131330	www.swantaxis.com.au

美食

珀斯的餐厅一般分中午和晚上两个时间段开，下午一段时间是休息的，所以如果过了午饭和晚饭的时间段，只能去咖啡厅或几家在华人街全天开放的餐厅用餐。

对于比较著名或人较多的餐厅，尤其在周末的时候需要提前预订。澳大利亚的餐厅是没有强制要求给小费的，一般收银台都会放一个小罐子，顾客可以自愿放小费在里面。高级的餐厅一般会把服务费算在账单里，占整个餐费的10%～15%。

珀斯餐厅推荐

弗里曼特尔渔船港

🏠 Fremantle, Western Australia

@ www.westernaustralia.com/au/Pages/PageNotFound.aspx

弗里曼特尔渔船港(Fremantle Fishing Boat Harbour) 一带的餐厅是品尝印度洋海鲜的最佳场所。

味坊

🏠 168 Newcastle st., Northbridge

这家中餐厅的菜色以川菜为主，喜欢川菜的朋友可以到这里来就餐。

✦ 大排档

🏠 17/68 Roe St.,Northbridge,Perth

听到这个名字就明白这是一家中餐厅，不过这家中餐是马来西亚风味的中餐，在唐人街里还是很有名气的，因为味道很好，而且常常开到很晚，很有中国人吃大排档的感觉。

✦ 功夫小厨

🏠 145 Newcastle St.,Perth

这家餐厅是一种中式快餐店，味道偏辣但是很好吃，而且菜色也比较全，如果你时间比较赶，在这里吃一顿中式快餐还是不错的选择。

✕✕✕✕✕✕ 🏠 住宿 ✕✕✕✕✕✕

珀斯有五星级豪华度假村、适合背包旅客入住的经济旅馆、环保旅游的简单住宿，还有供自驾游客的旅游车停车场。酒店主要聚集地分布在市区和以Burswood 为代表的 Swan 河南岸。市区的主要酒店包括凯悦和喜来登、皇冠假日酒店、希尔顿酒店等。珀斯周边还有些经济实惠的住宿地，如旅地宾馆、岚利诺福特、美居和宜比思等，而青年旅行者聚集的 Ambassador、YHA 和 YMCA 都在珀斯市区内。

珀斯住宿地推荐 🎒 🎖

海伊街背包汽车旅馆

🏠 266/268 Hay St.,Perth
📞 08-92219880
💲 60 澳元起
@ www.haystbackpackers.com

海伊街背包汽车旅馆（Hay Street Backpackers & Motel）设有游泳池、带有线电视的客用休息室和 24 小时前台，客人可以使用大型共用厨房，所有空调客房均设有安全的储物柜。部分客房设有私人浴室设施。

Perth City YHA

🏠 300 Wellington St.,Perth
📞 08-92873333
💲 22 澳元起
@ www.yha.com.au

Perth City YHA 位于珀斯市中心的心脏地带，设有一个室外游泳池和一个健身中心。客人可通过旅游咨询台预订活动，或在咖啡厅／酒吧享用饮品和小吃。旅馆提供私人客房和宿舍式客房。所有客房都装有空调，并设有一台电视,提供一间私人或公用浴室。

女巫的帽子酒店

🏠 148 Palmerston St.,Perth
📞 08-92284228
💲 67 澳元起
@ www.witchs-hat.com

女巫的帽子酒店（The Witch's Hat Backpackers Hostel）坐落在一栋经过翻修的联邦风格建筑内，客用设施包括设备齐全的公用厨房以及有线电视、DVD 库和带有飞镖板的休息室。旅馆提供免费烧烤晚餐、安全储物柜和茶或咖啡。

袋鼠酒店

🏠 123 Murray St.,Perth
📞 08-93253508
💲 50 澳元起
@ www.kangarooinn.com.au

袋鼠酒店（Kangaroo Inn Perth）位于市中心，从每间客房都可欣赏到城市景观，客人可以坐在公用露台上放松，或在游戏室玩台球。旅馆还设有一间设备齐全的公用厨房和一个带一台平面电视的公共休息室。所有客房均享有公用浴室设施。

珀斯其他住宿地推荐			
名称	地址	网址	费用
The Richardson Hotel & Spa	32 Richardson St.,West Perth WA 6005	www.therichardson.com.au	300 澳元起
The New Esplanade Hotel Perth	18 The Esplanade,Perth WA 6000	www.newesplanade.com.au	80 澳元起
The Murray Hotel	718 Murray St.,West Perth WA 6005	www.themurrayhotel.com	80 澳元起
The Royal Hotel Perth	Wellington St.,Perth WA 6000	www.royalhotelperth.com.au	80 澳元起
The Sebel Residence East Perth	60 Royal St.,East Perth WA 6004	www.accorhotels.com	100 澳元起
Kings Perth Hotel	Hay St.,Perth WA 6000	www.kingshotel.com.au	80 澳元起

购物

珀斯虽然是一个不算特别繁华的城市，却也有非常多的购物地，吸引着游客在此闲逛、采购。尤其是在弗里曼特尔集市，你可以找到很多具有当地特色的纪念物品，它们既小巧又散发着难以言喻的诱人魅力，是赠送亲友的佳品。

珀斯购物地推荐

弗里曼特尔集市

🏠 Corner South Terrace & Henderson St.,Fremantle

🚌 乘坐火车弗里曼特尔线到终点站，向南走约 1.5 公里即是；或从火车站乘坐 530 路公车往 Cockburn Central Station 方向坐一站下车也可；从市中心乘坐 107 或 102 路公车也可以到弗里曼特尔，但时间较长

🕐 周五 08:00 ～ 20:00，周六、周日 08:00 ～ 18:00

@ www.fremantlemarkets.com.au

弗里曼特尔集市是游客在珀斯游玩的必去之地，这里在 20 世纪初是食物批发地，后来逐渐演变为现在的集市，里面有 150 家商铺，出售特色食物、衣服，首饰和纪念品等。门口经常有一些街头艺人表演，会引来行人的围观，周末最为热闹。

Harbour Town

🏠 Wellington St.,Perth
@ www.harbourtownperth.com.au

这是珀斯的折扣购物中心，有很多品牌折扣店，如果想购物来这里也不错，乘坐黄色免费巴士就可以到达。

David Jones

🏠 622 Hay St.,Perth
📞 08-92104000
@ www.shop.davidjones.com.au

这是澳大利亚最大的百货商场之一，位于珀斯市区。从时尚品牌到日常用品应有尽有，在这里一定能够满足你的购物需求。

Myer

🏠 200 Murray St.,Perth
📞 08-92655600
@ www.myer.com.au

这是一家大型百货公司，在澳大利亚有很多分店。很受澳大利亚当地人的喜爱。这里主要贩售澳大利亚及其他国际品牌，以及 Myer 旗下的自主品牌商品。

娱 乐

珀斯是一个充满活力的城市，娱乐活动多种多样，而且充满热情，你可以去看一场露天电影，或者是去舞厅跳舞，或在酒吧放松一下，都能让你的身心得到放松。

■ 珀斯娱乐项目推荐

His Majesty's Theatre

🏠 825 Hay St.,Perth
📞 08-92650900
@ www.hismajestystheatre.com.au

这是位于珀斯市中心的大型电影院，非常有名，这里设施齐全，并有最新大片和经典影片放映。

百事伍德电影院

🏠 Great Eastern Highway,Burswood
📞 08-93627777

这是一座豪华的电影院，放映设施非常棒，如果注重观影体验的朋友可以来这里感受一下顶级的影视水平。

圣乔治大教堂

Part 7 阿德莱德
无需门票，体验阿德莱德"心"玩法

Part 7 阿德莱德
阿德莱德市区

1·热闹的节日活动·

阿德莱德节日活动信息			
名称	日期	地址	简介
环澳大利亚自行车大赛	1月	阿德莱德山、芭萝莎谷等地	世界级的自行车大赛，每年都会吸引很多人前来，另外还有许多与自行车有关的娱乐活动
阿德莱德艺穗节	2月	阿德莱德	开放访问式艺术节，全民皆可参与其中，非常自由，而且演出众多，现场气氛活跃
阿德莱德世界音乐节	3月	阿德莱德市内植物园	有精彩的音乐表演和音乐家举办的讲座，既可以欣赏美妙的音乐，也可以学到许多音乐知识
澳大利亚美食节	4~5月	阿德莱德山、芭萝莎谷等	盛大的美食节，不仅有种类繁多的美食美酒，还可以跟大厨学习如何实现食物与葡萄酒的完美搭配
阿德莱德歌舞节	6月	小型歌舞广场、阿德莱德节庆中心	世界上最具综合性的歌舞节，可以欣赏到顶级艺术家的歌舞表演

Part 7 阿德莱德
阿德莱德市区

2·免费资讯助你游·

阿德莱德游客信息中心资讯	
服务内容	在游客信息中心可以领到旅行宣传手册和地图。这里既提供人工咨询服务，也提供触摸屏机器服务，可以预订住宿和当地一日或多日游
地址	9 James Place,Adelaide
电话	1300–588140
交通	乘坐 528 路、548 路、611 路、951 路在 C2 King William St 站下车
开放时间	周一至周五 09:00 ~ 17:00，周六、周日 10:00 ~ 16:00，公共假日 11:00 ~ 15:00

Part 7 阿德莱德
阿德莱德市区

3·不要门票怎样能玩 High·

不花1分钱 游览阿德莱德的线路

南澳大利亚博物馆：深入了解澳大利亚原住民文化

📱 向东步行

阿德莱德大学：校园风光别致，还可顺带逛一逛阿德莱德商业、文化中心

📱 向东步行

北大街：阿德莱德的文化历史建筑集中地

零元游阿德莱德市区

1

· 南澳大利亚博物馆 ·

旅游资讯

🏠 North Terrace, Adelaide

📞 08-82077500

🚌 乘坐 99C 路、140 路、144 路、147 路、150 路、155 路等公交车到 Stop G3 North Tce—North Side 站下即可到达

@ www.samuseum.sa.gov.au

南澳大利亚博物馆（**South Australian Museum**）是澳大利亚最重要的博物馆之一，以拥有澳大利亚原住民文物典藏而闻名。博物馆内的设置现代感十足，有许多的互动体验项目，展出的文物约有 3000 件，主要与人类学、地质学相关。在这里你可以根据展出的原住民文物深入了解原住民的生活、文化和生存方式，非常有意义。

■ 不要门票也能 High

在南澳大利亚博物馆可以听一下原住民的传说，看一看考古的成果。博物馆门口的鲸鱼骨架非常独特。另外，你也可以在这里听一听科技讲解，了解一下最新的科技。

南澳大利亚美术馆〔Art Gallery of South Australia〕

又名南澳大利亚艺术长廊，是澳大利亚拥有民族艺术收藏品最多的美术馆，收藏有很多精美的、极具价值的艺术品，既有欧洲文艺复兴时期的印象派油画，还有很多独具澳大利亚风情的作品，其中有很多作品反映了澳大利亚的生活方式，很有观赏价值。美术馆的固定展览包括澳大利亚殖民史展、当代澳大利亚展、当代原住民展、亚洲展和欧洲艺术展，临时展览位于地下。

> **■ 不要门票也能 High**
>
> 参观完美丽的艺术品后，不妨去馆内的商店看一看。这里有原版的澳大利亚艺术书籍和充满澳洲艺术气息的各种艺术装饰品，非常独特，买一点送人或自己用都是不错的选择。

北大街〔North Terrace〕布满了维多利亚风格的建筑，收藏着南澳大利亚的许多珍品，是阿德莱德最著名、最具代表性的街道之一。这条大街上不仅聚集着州立艺术馆、博物馆、州总督府等文化历史建筑，其本身更是阿德莱德历史的一部分，见证了阿德莱德过往的一切。

> **■ 不要门票也能 High**
>
> 北大街上有众多纪念馆、教堂和雕像，在这里散步就是一场很好的艺术之旅。从这些建筑或雕像的说明中，你可以看到许多南澳大利亚的美妙故事，从故事中一点一滴地了解这座城市。

Part 7 阿德莱德
阿德莱德市区

2

● 南澳大利亚美术馆 ●

旅游资讯

🏠 North Terrace, Adelaide
📞 08-82077000
🚌 乘坐 99C 路环城巴士在 Museum 站下即可
🕙 10:00 ~ 17:00，圣诞节闭馆
@ www.artgallery.sa.gov.au

Part 7 阿德莱德
阿德莱德市区

3

● 北大街 ●

旅游资讯

🏠 North Terrace, Adelaide
🚌 搭乘 99C 路环城巴士在 Museum 或 Central Shopping 站下车

4

· 阿德莱德大学 ·

旅游资讯

🏠 The University
of Adelaide, Adelaide

📞 08-83135208

🚐 搭乘 115 路、
117 路、118 路公交
在 North Terrace
站下车即到

@ www.adelaide.
edu.au

阿德莱德大学（**The University of Adelaide**）是澳大利亚一所享有很高盛誉的公立大学。校园内有众多的古建筑，庄严肃穆，风景别致。从这些建筑中仿佛能感受到这里悠久的历史，令人肃然起敬。阿德莱德大学自创建以来，便是澳大利亚顶尖大学之一，同时它也是澳大利亚八大名校的成员之一。另外参观完阿德莱德大学，还可以到附近的阿德莱德商业、文化中心逛一下。

多伦斯河（**Torrens River**）是阿德莱德的母亲河，也是阿德莱德平原最重要的河流。这里风景优美，在此悠闲散步是许多当地人最爱做的事情。美丽的多伦斯河将阿德莱德分为南北两个区，一边是宁静优美的住宅区，另一边则是繁华热闹的商业区。

5

· 多伦斯河 ·

旅游资讯

🏠 50 Main St.,
Torrens Rirer,
Adelaide

🟪 不要门票也能 High

多伦斯河里的鱼种类繁多，不仅有澳大利亚的鱼种，还有许多从国外引进养殖的鱼，这里也因此成为垂钓的好地方，如果你也热爱垂钓的话不妨来此体验一番。这里经常会出现成群的黑天鹅和野鸭，亲密地伴随在垂钓者身边，你可以亲切地抚摸一番。另外，骑自行车浏览也是不错的选择，河畔的美景，浓郁的生活气息，一定会给你带来一次美妙的旅行。

圣彼得大教堂（St. Peters Cathedral Anglican）
是阿德莱德英国圣公会教区的母堂，也是澳大利亚最
具特色的哥特式教堂建筑之一，还是阿德莱德的地标
性建筑之一。圣彼得大教堂建造精细、华丽，造型宏伟、
壮观，非常漂亮。

　　中央市场（Central Market）是一座拥有 140 多年
历史的古老市场，位于阿德莱德繁华地段。中央市场
是南半球最大的市场，这里的 200 多个食品摊可以满
足你对美食的任何追求。另外，每周五晚上这里经常
会有音乐和厨艺展示。历史悠久的中央市场长久以来
都是阿德莱德的象征。

🟪 不要门票也能 High

　　1. 中央市场整天充满活力，在这里，除了可以购
买美味的食物外，还可以感受浓郁的生活气息。另外，
中央市场上的许多咖啡店的店主是早期移民到阿德莱
德的意大利人，在这里你可以喝到正宗浓郁的意式咖
啡。许多咖啡馆都会售卖一种名为 Frog Cake 的糕点，
造型酷似青蛙，是阿德莱德的特色美食。
　　2. 市场中有许多特色的小店，比如一家叫作 Water
World 的店，里面售卖近百种不同的矿泉水，好像一
座展览馆一般。这里可以针对不同体质的人提供不同
的矿泉水，非常健康。

8

·南澳大利亚州立图书馆·

旅游资讯

🏠 North Terrace and Kintore Ave., Adelaide

📞 08-82077250

🚌 搭乘 115 路、117 路、118 路公交在 North Terrace 站下车，步行前往

◎ 周一至周三 10:00～20:00；周四、周五 10:00～18:00；周六、周日 10:00～17:00；法定假日不开

@ www.slsa.sa.gov.au

南澳大利亚州立图书馆（State Library of South Australia）的前身是澳大利亚读书协会，内有大量的藏书，种类包括报刊、普通藏书、珍稀藏书、儿童读物和丰富的非图书文物收藏。巨大的石柱、金色的墙面、复古的铁栏杆、透明的玻璃穹顶都使这里异常美丽，风格酷似哈利·波特魔法学校，它也因此而入选"全球 20 大最美图书馆"。

阿德莱德山（Adelaide Hills）最高峰海拔 721 米，这里有茂密的丛林，也有规整的葡萄园、果园等，景色宜人。这里还有许多野生动物，如考拉、袋鼠、沙袋鼠等，如果喜欢的话你还可以亲手抱一抱可爱的考拉。另外，这里的红酒也非常有名。总之，来阿德莱德山旅行一定会给你带来不少惊喜。

汉多夫德国村：是澳大利亚现存历史最悠久的移民地，小镇的名字也正是来源于船长 Hahn。现在的汉多夫德国村街道两旁还有许多古老的建筑，依然保持着百年前的风格，使整个小镇充满了浓郁的德国风情。来这里不仅能吃到一顿德国大餐，品尝美味诱人的德国香肠、蹄髈、啤酒等，还能在街道旁的画廊、手工艺店中欣赏这些独特的作品。

洛夫蒂山脉：是通往阿德莱德山的门户，峰顶巍峨壮丽，山间景色宜人。每当夜幕降临，置身于山间俯瞰阿德莱德迷人的夜景，仿佛隔岸望星，如画的美景令人陶醉。

9

·阿德莱德山·

旅游资讯

🏠 Hahndorf, Adelaide

🚌 乘坐 835 路、841F 路、860F 路、864 路、878 路、881 路在 Stop 55 Mt Barker Rd 站下车

不要门票也能 High

　　阿德莱德山游览路线：1. 洛夫蒂山脉，眺望城市全景；2. 汉多夫德国村，感受德国风情，品尝美味的德国大餐；3. 克莱兰德野生动物园，与动物来一场亲密接触；4. 茱莉蔻农场，美丽的花田令人流连忘返。

阿德莱德山风光

零元游阿德莱德周边

· 阿德莱德→袋鼠岛

　　袋鼠岛（Kangaroo Island）位于阿德莱德西南方向约 112 公里处，是澳大利亚第三大天然岛屿。从地图上看，这座岛屿如同海上的游鱼，它远离都市，与世隔绝，由于袋鼠岛长期孤悬海外，这里依然保留着最原始的风貌，成为难得的人间净土，更是最负盛名的野生动物游览区，被美国国家地理杂志评为"亚太第一岛"。

　　小岛面积达 4400 平方公里，沿着岛上平整的公路可以看到草原、沙漠、灌木林、山崖、巨石、沙滩等地形地貌。还能看到、袋鼠、考拉、海豹、海豚、企鹅等诸多野生动物。整座岛屿就是一个巨大的公园，拥有 20 多处国家原始森林公园及动植物自然保护区。但整个袋鼠岛的居民只有 3000 余人，岛上的人们热情好客，似乎跟每一个到访的人都像是久别的朋友。人们和动物们和谐、融洽、友好地生活在一起，如同是理

前往袋鼠岛

飞机：乘坐 Rex Regional Express，详情可到官网查询 www.rex.com.au。

轮渡：从阿德莱德乘轮渡去袋鼠岛是不错的选择，不仅方便而且可以沿途观赏海景，船票单程大约 40 澳元，19:30 的那一班半价，航程约 45 分钟，具体可到官网查询 www.sealink.com.au。

想中的大同世界。

袋鼠岛有几个重要的城市，分别是位于岛屿北部的最大的港口城市 Kingscote，第二大城市 Penneshaw，以及在这两大城市中间的 American River。在 Kingscote 和 Penneshaw 可以在天黑时分看到企鹅回巢的场景，想要看清楚的话可以在游客中心参加夜游团。

海豹湾（**Seal Bay**）是游客游玩袋鼠岛不得不到的地方，这个海湾位于弗林德斯蔡司国家公园东部约 20 公里处，以其拥有庞大而稀有的澳洲海狮群著称。这是澳大利亚唯一一处游客可与海豹在沙滩上近距离接触的地方。许多身材壮硕、长相呆萌的海豹懒洋洋地待在沙滩上，或三五成群追逐嬉戏，或横七竖八倒头呼呼大睡，白色的沙滩上，到处都是它们的身影。

目前，这里有约 600 多头海豹，它们与人非常亲近，显得极通人性，对于漫步在它们之间的游客表现极为友好。当人们用镜头对准它们时，这些海豹还会面对游客的镜头，非常"臭美"地摆出各种姿势，真是可爱至极。

弗林德斯蔡斯国家公园（**Flinders Chase National Park**）面积达 740 平方公里，是澳大利亚最大的公园之一，也是南澳大利亚最重要、规模最大的公园之一。这里是澳大利亚土生土长的动物，如袋鼠、迷你袋鼠、考拉和针鼹等动物的保护区。由于这里没有凶猛的自然天敌，也没有人为引进的外来生物，岛上的动物在此获得了极佳的保护，并得以繁衍生殖。蹦蹦跳跳的袋鼠在这里随处可见，至于考拉，它们在公园内的磐石河（Rocky River）畔出现的概率较大，但通常都会抱着树干睡大觉，想要发现它们得考考你的眼力了。

185

神奇岩石（**Remarkable Rocks**）出现在弗林德斯蔡司国家公园内壮美的公路，或是绵延的海岸线。这些巨型花岗岩坐落在岛上的高处，是未曾人工雕琢的自然奇观。看似摇摇欲坠，却稳稳地耸立于南大洋的惊涛骇浪之上，其历经时光的苍茫之感与大洋路上的十二使徒岩何其相似。在风吹雨打和海风海水鬼斧神工般的雕琢下，块块岩石造型千奇百怪，令人赞叹不已。其表面颜色更在一天当中因时而变，五光十色，绚烂多姿，大自然伟大而奇妙的艺术手法在此展露无遗，这里也是岛上游人拍照留念最多的自然奇观之一。推荐在此欣赏日落，这里绝美的景致一定瞬间秒杀你的快门。

小撒哈拉沙漠（**Little Sahara**）坐落于袋鼠岛，它的存在丰富了袋鼠岛的地貌，到访的游客都会赞叹于独特的沙景。这些细致的白色沙丘距离大海数英里，也顺理成章地成就了一种别样的运动——小撒哈

拉沙漠滑沙，不少冲浪高手也会在征服了海浪后，前来挑战一下这松软的沙堆。尽管是个沙漠，但因为周边的植被非常充足，沙漠丝毫没有扩张的趋势。攀爬山丘远眺海岩的感觉是很棒的，刚攀过第一个沙丘的山脊，你会遇到第二个更高的。当你跨越一个又一个沙丘，以为会看到海岸时，面前出现的却仍是被丛林环绕的沙丘。

旗舰拱门（**Admirals Arch**）被视为澳大利亚的"天涯海角"，也是大自然的鬼斧神工之作，巨大的拱门完全是千百万年来由风力和海水侵蚀形成的。拱门前的沙滩同样是海豹们的地盘，它们或嬉戏打闹，或躺在沙滩上伸懒腰，萌态十足。

凯利山岩洞（**Kelly Hill**）是澳大利亚仅有的几个干燥的石灰岩洞穴之一。这个令人惊讶不已的洞穴存在于广袤的原生灌木丛下方。里面形式各异的石笋、钟乳石、石枝遍布，色彩斑斓，是一处地下探险的理想之地。

格雷纳尔格（**Glenelg**）是南澳大利亚的首批英国移民定居之地，现在还留有许多古老的教堂和其他建筑。另外，这里作为一个度假胜地，修建了许多豪华别墅，这些别墅和古老的建筑整齐地排列在街道两侧，具有浓厚的英伦风情。海滩风景优美，水清沙白，海边的栈桥总有游人在上面吹着海风散步。

格雷尔海滩（Glenelg Beach）：是阿德莱德开发最好的海滩，沙滩、栈桥、清净的海水、柔软的白沙，构成了一幅绝美的画面。除此之外，附近还有许多美食、购物店等，非常方便。另外，这里的日落也非常美丽。

芭萝莎（**Barossa**）是澳大利亚重要的红酒产地，享有"红酒王国"的美誉。在这里，不管对红酒认识有多少，都能领略红酒的魅力。酿酒历史悠久的芭萝莎风景同样优美，这里充斥着一股充满魅力的欧洲旧日风情。你可以站在高处，眺望一望无际的绿色草原，也可以在浪漫的玫瑰园里散步，感受被玫瑰包围的美好，或是在薰衣草花季时来欣赏梦幻般的花田。另外，这里还充满着浓浓的艺术气氛，艺廊、工作室、工艺品店和古董店随处可见。对于当地艺术家来说，葡萄园、咖啡馆和餐馆经常也是他们的画廊。

Part 7 阿德莱德
阿德莱德周边

1

· 格雷纳尔格 ·

旅游资讯

🏠 12 Chappell Drive, Glenelg
🚋 乘坐有轨电车在 Stop 17 Moseley Square 站下可到
@ www.glenelgsa.com.au

Part 7 阿德莱德
阿德莱德周边

2

· 芭萝莎 ·

旅游资讯

🏠 Barossa, Adelaide
🚌 在阿德莱德搭乘芭萝莎巴士（Barossa Valley Coaches），车程 1.5 小时左右，1 天仅 2 班，周日只有 1 班

阿德莱德·旅游资讯

交  通

飞机

阿德莱德国际机场

阿德莱德国际机场（Adelaide International Airport）是阿德莱德的主要民航机场。阿德莱德国际机场不大，分为上下两层，上层为出发和澳大利亚国内到达层，底层为国际到达层，托运行李的提取也在这里。到达层有旅游信息咨询台、ATM和各大租车公司的柜台。机场的广场上有一个小卖部，可以在此购买 Sim 卡和公交票。从澳大利亚前往阿德莱德一般需要在悉尼、墨尔本等大城市转机。从中国去阿德莱德需要经由新加坡转机，北京、上海、广州、深圳、武汉、成都、重庆、昆明、厦门都有航班。

阿德莱德国际机场简介	
地址	1 James Schofield Dr.,Adelaide
电话	08–83089211
交通	**1. 公交** 阿德莱德有 J1、J1A、J2 路公交以及 J1X Jet Express Bus 往返于市中心，上车前需要看清楚车头显示终点站的牌子，以免上错车 票价：09:00 ~ 15:00 票价为 3.3 澳元，其余时间为 5.2 澳元 **2. 机场巴士** 提供机场到酒店的接送服务，可以在机场到达大厅的底层 Information 柜台咨询细节 票价：10 澳元 **3. 出租车** 阿德莱德国际机场距市中心仅 6 公里左右，所以出租车也是一种非常方便的交通工具 到市中心价格：15 ~ 18 澳元
网址	www.adelaideairport.com.au

火车

阿德莱德是澳洲三条主要洲际铁路交会的枢纽。"Indian-Pacific"号从悉尼经由阿德莱德去往西澳的首府珀斯，全程4天3夜；"Overland"则是往返于阿德莱德和墨尔本之间；"The Gahn"号从阿德莱德出发，穿越澳洲中部荒漠，到达北领地首府达尔文市，全程3天2夜。澳洲所有的洲际火车都非通勤而是旅游观光团性质，发车班次和价格也因季节而异，具体信息可以在网站查询。

🏠 www.greatsouthernrail.com.au

长途汽车

阿德莱德的长途汽车站位于市中心，每天有两班开往墨尔本的汽车，分别是07:20发车和20:15发车，票价为65澳元，在官网购买可以节约5澳元。具体的路线及票价信息可以在官网查询。

@ www.greyhound.com.au

市内交通

普通巴士

阿德莱德的巴士路线有200条以上，遍及市区及郊区。票价采用分区收费，市区一个区的票价是3.3澳元，但建议购买票价1.9澳元的2段票，虽然搭乘范围较小，但已绰绰有余。周一至周五09:00～15:00有6～7折的优惠票，可在服务中心购买车票。

免费巴士

免费巴士的路线有2条：一条是朝单一方向环绕的快速巴士，另一条是朝顺时针及逆时针方向行驶的环城巴士，也叫99C（明黄色的车子）环线，它是沿着victoria square — North Terrace — Railway Station — Hindley Street — Victoria Square的路线行驶。免费巴士行经市区主要观光景点，当地居民及观光客的搭乘频率颇高。乘车时在巴士站招手拦车即可。

有轨电车

有轨电车往返于市区的维多利亚广场 (Victoria Square) 及格雷纳尔格 (Glenelg)，单程约 24 分钟。电车外观复古，缓缓行驶于住宅区之间，由车长负责售票。若购买一个区的巴士电车共乘券，只需将票卡插入刷票机即可。不过 Tram 有两条路程是免费的，一条为 city–City west，另一条为 Brighton Road–Moseleysquare。

出租车

阿德莱德市区共有 26 个出租车乘车处，饭店门前也有排班的出租车，因此白天打车不成问题。若想夜间打车，也可以打电话叫车。

美🍴食

阿德莱德作为澳洲的美酒之都，它的葡萄酒世界闻名。澳洲多数出口的葡萄酒都产自于阿德莱德近郊，具有国际知名度的葡萄酒酿酒厂地区包括 Barossa Valley、Claire Valley 和 Adelaide Hills。阿德莱德的黑氏巧克力 (Haigh's) 也是不能错过的美食，这里的蛙形巧克力和柠檬长春花口味的巧克力最受人们喜爱。在品尝了美酒和巧克力之后，你可以在歌治尔街 (Gouger Street) 和蓝道大街 (Rundle Street) 找到风格各异的餐馆食肆。不论是传统的欧洲美食，还是南太平洋的特色佳肴，应有尽有，各色美味任你挑选。

■ 阿德莱德特色美食推荐 ■ 🎗

✦ 奔富格兰奇 ✦

距离市区 15 分钟车程的奔富玛吉尔庄园 (Magill Estate) 是澳大利亚著名的、最大的葡萄酒庄之一，它被人们看作是澳洲红酒的象征，也被称为澳洲葡萄酒业的贵族，在这里你可以品尝到世界闻名的奔富格兰奇 (Grange)。

Two Dogs 柠檬酒

来到阿德莱德，一定要喝Two Dogs柠檬酒。这是全球最先出现的柠檬酒精饮品，因当时有一个居民存有太多柠檬而发明出来的，这种由柠檬发酵的酒除了酸甜好喝外，亦含有丰富的维生素C，美容养颜效果十足，是到澳大利亚一定要试试的气泡饮料。

黑氏巧克力

澳大利亚古老的巧克力制作公司黑氏巧克力（Haigh's）公司，是全世界现今屈指可数的仍纯手工制作巧克力的制造商之一。黑氏巧克力公司也是澳大利亚唯一仍然进口可可豆并且以烘烤方式来控制味道和口感的巧克力厂，并有多种口味，绝对跟一般的巧克力有不同的风味。他们有名的蛙形巧克力和柠檬长春花口味的巧克力最受人们喜爱，并且有全澳连锁商店，很好找。

阿德莱德餐厅推荐

汉多夫糖果

54A Main St., Hahndorf

乘坐864路、864F路、860F路、841F路公交在Hahndorf,Main St站下车

全天

www.hahndorfsweets.com.au

汉多夫糖果（Hahndorf Sweets）是一家老式甜品店，建于1853年，坐落于阿德莱德山的汉多夫小镇上。这是一个古色古香的小屋，是汉多夫最古老的建筑之一。屋内高雅复古海报的装饰，给它增添了几分魅力。走进店里，寻找你儿时的糖果，会成为你给朋友挑选礼物的一次难忘经历。这些糖果和巧克力大多来自当地，也有来自其他地方的产品，以满足那些想寻找家乡产品的人。

鸿发烧腊饭店

3/75 Grote St., Adelaide

鸿发烧腊饭店(Hong Fat B.B.Q.Restaurant)在阿德莱德的中国城中，店面不大，但是每天光顾这里的顾客可不少。这里的菜肴味道很好，价格也不贵。推荐品尝双拼饭、干炒牛肉河粉、海鲜炒面、八珍烩饭、化皮乳猪。

滋味阁

🏠 119 Gouger St., Adelaide
@ www.easttasteres taurant.com.au

滋味阁（East Taste Café）是一家顶级的中餐馆，曾经多次获得餐饮界的大奖。到这里吃饭，除了享用美食之外，还要享受一下这里传统的中国格调。

住宿

阿德莱德住宿选择比较多样化，而且大都在市中心，离景区不远，交通也比较便捷。与悉尼和墨尔本相比，这里价格会更合适。在阿德莱德住宿的话，建议你选择方便而便宜的背包客旅馆或者青年旅舍，这种住宿地会有很多热情的游人告诉你哪里最好玩。而且澳大利亚很多人会说中文，交流也比较方便。

阿德莱德住宿地推荐

阿德莱德中央青年旅舍

🏠 135 Waymouth St.,Adelaide
📞 08-84143010
@ 40 澳元起

阿德莱德中央青年旅舍（Adelaide Central YHA）位于阿德莱德市的中心地带，提供现代化的住宿。客人可以选择入住宿舍间和私人客房，部分客房设有私人浴室。每间客房均配有吊扇、暖气和办公桌，私人客房设有连接浴室，部分客房还设有带户外座位的阳台。青年旅舍设施包括24小时上网设备、行李寄存设施、公共用餐室和自助式厨房。休息区配有舒适的沙发以及带DVD播放机和有线频道的平面电视。门外即是市中心的酒吧、俱乐部、餐馆和咖啡馆。这家旅舍还提供旅游预订服务。

怀特酒店

🏠 130 Wright St., Adelaide
📞 08-84143010
💲 60 澳元起
@ www.thewrightlodge.com.au

怀特酒店（The Wright Lodge）位于阿德莱德市中心地带，提供整洁安全的客房，内设免费无线网络连接。所有客房都设有空调、私人浴室、电视、冰箱和沏茶或咖啡设备，并可应要求提供吹风机、熨斗和熨板。酒店还为客人提供电脑、打印机和传真机。

奥兹背包客旅馆

🏠 144 Wakefield St., Adelaide
📞 08-82233551
💲 50 澳元起
@ www.backpackoz.com.au

奥兹背包客旅馆（Backpack Oz）提供实惠的住宿，距离中央商业区仅有 5 分钟步行路程，这家旅馆有一个屋顶露台、一个啤酒花园以及带免费无线网络连接的客房。旅游咨询台的工作人员可以提供前往袋鼠岛、芭萝莎谷以及弗林德斯山脉的咨询服务。酒店还为客人提供免费自行车租赁服务。

阿德莱德其他住宿地推荐			
名称	地址	网址	费用
The Hotel Metropolitan	46 Grote St., Adelaide SA 5000	www.hotelmetro.com.au	80 澳元起
The Playford Adelaide	120 North Terrace, Adelaide SA 5000	www.theplayford.com.au	100 澳元起
The Lakes Resort Hotel	141 Brebner Dr., West Lakes SA 5021	www.lakesresorthotel.com.au	120 澳元起
The Chifley on South Terrace	226 South Terrace, Adelaide SA 5000	www.chifleyhotels.com.au	90 澳元起
Quality Hotel Tiffins On The Park	176 Greenhill Rd., Adelaide SA 5063	www.tiffinsonthepark.com.au	80 澳元起
The Wright Lodge Adelaide	130 Wright St., Adelaide SA 5000	www.thewrightlodge.com.au	50 澳元起

购物

阿德莱德是澳大利亚著名的旅游城市，自然少不了购物的地方。这里的特色产品有蛋白石、葡萄酒、干果、手工艺品以及 Jurlique 护肤品等，买一点自用或者送人都可以。另外，阿德莱德既有现代时尚的商场，也有传统、质朴的市场，一定能给你带来不错的购物体验。

阿德莱德购物地推荐

伦德尔商业街

伦德尔商业街（Rundle Mall）是阿德莱德市区中最大的商业街。它因卖鲜花的货摊而显得明亮，因街头音乐家和杂技家的表演而显得生机勃勃，即便在周末也能在这里找到你所需要的东西。在步行街的中央还有一个小型广场，时常会有开放的音乐演出。

中央市场

🏠 40—66 Gouger St., Adelaide
📞 08-82037494
🚗 乘坐 99C 路环城巴士在 Central Market 站下可到
@ www.adelaidecentral
market.com.au

中央市场位于阿德莱德的市中心位置，被誉为"阿德莱德的心脏"。这里主要出售品种繁多的新鲜水果、蔬菜、海鲜、肉制品等，也有澳大利亚人爱吃的干酪等特色食品，吸引了无数的美食家和百万市民来这里逛街。

蓝道购物城

🏠 Rundle Mall, Adelaide
🚗 乘有轨电车在 Rundle Mall Tram Stop 下可到

蓝道购物城（Rundle Mall）创建于 1976 年，是澳大利亚第一个步行街。这里有超过 700 家零售商店，包括品牌服饰店、书店、超市等，还有3 个大百货公司和15个大型购物商城，也有露天咖啡馆和酒吧等休闲娱乐的地方。

阿德莱德其他购物地推荐

名称	地址	网址	电话
Castle Plaza Shopping Centre	217 North Terrace, Adelaide SA 5000	www.wokina box.com.au	08-82231645
Burnside Village	992 S Rd., Edward stown SA 5039	www.castleplazash www.opping.com.a	08-82776733
Elizabeth Shopping Centre	50 Elizabeth Way, Elizabeth SA 5112	www.elizabeth shopping.com.au	08-82553411
Westfield Marion	297 Diagonal Rd., Oak-lands Park SA 5046	www.westfield.com. au	08-82324730
Arndale Central	460-470 Torrens Rd., Kilkenny SA 5009	www.centroar ndale.com.au	08-84452155

娱乐

　　阿德莱德作为南澳大利亚州的首府，娱乐设施与夜生活场所自然是非常的丰富。在蓝道街及新德里街上布满了酒吧、夜总会等娱乐场所。此外，阿德莱德的美丽沙滩也是享受假期时光的好去处，如果是潜水爱好者，也可以在Port Noarlunga Underwater Aquatic Rsesrve 的海底探寻美景。

阿德莱德娱乐地推荐

名称	简介	地址	电话	网址
阿德莱德庆典中心	南澳大利亚举行音乐会等娱乐演出的主场馆，这里可以欣赏精彩的音乐剧和戏剧	Festival Drive, Adelaide	08-82168600	www.adelaidefes tivalcentre.com. au
Endota SPA	非常受当地人喜爱的SPA中心，可电话预约	253 Rundle St., Adelaide	08-83593304	www.endota. com.au
Burnside Pro-swim Classes	阿德莱德最好的公共游泳池，但离市区较远	Cnr Greenhill Rd. & Howard Tce,Hazelwood Park Acklaide	08-83664290	www.burnsid e.sa.gov.au
Belair Park Public Golf Course	设施较好的高尔夫球场	Upper Sturt Rode, Belair	08-82788991	www.belairpark countyclub.com.au
Univer Wine Bar	阿德莱德的酒吧，比较悠闲	285 Rundle St., Adelaide	08-82325000	www.univers alwinebar.com.au

Part8 达尔文
无需门票，体验达尔文"心"玩法

Part8 达尔文
达尔文市区

1·热闹的节日活动·

达尔文节日活动信息			
名称	**日期**	**地址**	**简介**
草莓低地音乐节	5月	达尔文环形剧场	为期一天的青年音乐节，还有校园争霸赛环节，活力十足
名迪海滩黄昏市场	5～10月	名迪尔海滩	拥有品种丰富的亚太美食市场，位于海边，朝气蓬勃，很受当地人和游客们的欢迎

2·免费资讯助你游·

达尔文信息中心资讯	
服务内容	帮你解答有关于达尔文的旅游问题,如果遇到问题可以拨打电话或者直接来此请求帮助
地址	6 Bennett St.,Darwin
电话	1300-138886
交通	乘坐 4 路、5 路、6 路、7 路、8 路、10 路、14 路、15 路在 Darwin Interchange 326 站下车可到
开放时间	周一至周五 08:30 ~ 17:00,周六、周末 09:00 ~ 15:00,法定假日 10:00 ~ 15:00

3·不要门票怎样能玩 High·

不花1分钱 游览达尔文的线路

码头区: 在这个古老的历史街区感受达尔文的风情

🚌 乘坐 4 路、6 路或 19 路公交车

北领地博物馆和艺术馆: 在这个充满特色的博物馆里了解澳大利亚的故事

🚌 乘坐 4 路、6 路、8 路、15 路公交车

明迪尔海滩: 在清凉的海风中享受日光浴的美好时光

🚌 乘坐 4 路、8 路、14 路公交车

休闲地街: 在休闲地街漫步,感受美妙的热带雨林风情,享受悠然时光

零元游达尔文市区

1
·北领地博物馆和艺术馆·

旅游资讯

🏠 19 Conacher St., Darwin

📞 08-89998264

🚌 乘坐4路、6路或19路公交车在East Point Rd 站下车步行前往

🕐 周一至周五 09:00 ~ 17:00, 周六、日 10:00 ~ 17:00, 法定节假日休息

@ www.nt.gov.au

北领地博物馆和艺术馆 (Museum & Art Gallery of the Northern Territory) 是北领地首屈一指的博物馆, 其内丰富多彩的展品介绍了当地原住民文化与艺术史、东南亚海洋文化与艺术史、海洋考古学、北领地历史等多种文化、历史与研究成果, 并且还展示了很多艺术品。北领地博物馆和艺术馆主要由游客画廊、学生教育基地、电影院、工艺品商店和咖啡屋这五部分构成。

🟥 不要门票也能 High

　　这个博物馆里有许多有趣的展览室和展品。比如飓风 "Tracy" 展览室, 在这里你能身临其境地感受飓风的威力, 非常有趣。另外, 这里的鳄鱼 "甜心" 标本也非常有名, 这条鳄鱼生前长5米, 重780公斤, 因经常袭击小渔船而出名。看到这个标本便不禁会想象它与渔船搏斗的情景, 内心又唤起了对它的敬畏之情。

198

议会大厦（**Parliament House**）是达尔文的地标性建筑，也是达尔文最美丽的建筑之一。议会大厦造型方正，外观整洁干净，内部是弯弯曲曲的结构。大厦周边绿树成荫，雪白的大厦坐落在青草绿树的怀抱之中，构成一幅美丽的画面。

不要门票也能 High

　　2～11月，每周六09:00和11:00都有免费的导览团，参展时间大约为90分钟，5月到9月间，还会在每周三10:30多增加一次导览团。

码头区（**Wharf Precinct**）是达尔文最具代表性的地点，这里有许多达尔文的历史街区，是了解达尔文这个港口城市的好地方。同时，这里的环境也十分怡人，清爽的海风扑面，美丽壮观的日落让人心胸开阔。市民悠闲地在此散步，有时还能看到一场激烈的游泳比赛。另外，码头区还有太平洋海洋馆和澳大利亚珍珠展览，如果对美丽的珊瑚和澳大利

亚珍珠养殖文化和历史感兴趣的游客一定不要错过。如果饿了的话，可以到这里的露天餐厅品尝一顿美味的海鲜大餐，在悠闲舒适的餐厅里看着热闹的人群和美丽的风景，也别有一番风味。

Part8 达尔文
达尔文市区

2
·议会大厦·

旅游资讯

🏠 Mitchell St. & Bennett St.,Darwin

📞 08-89461430

🚌 周一至周五从市区乘坐6路至Museum站下车即是；周末及法定假日可乘坐4路至East Point Rd站下车，步行前往

◎周一至周五08:00～18:00，周末09:00～18:00

Part8 达尔文
达尔文市区

3
·码头区·

旅游资讯

🏠 Wharf Precinct Office,Darwin

🚌 乘坐7路、14路公交车在Stokes Hill Rd. 817站下车

Part8 达尔文

达尔文市区

4

· 玛丽河国家公园 ·

旅游资讯

🏠 Mary River Natio
nal Park，Darwin
📞 08-89994555
🚐 从达尔文市中
心驾车约需1小时
@ www.parksandwil!
dlife.nt.gov.au

玛丽河国家公园（**Mary River National Park**）又名玛丽河湿地，内有大量野生的鸟和鱼，是观鸟和钓鱼的天堂。另外，公园内也有许多著名的景点，如淡水死水潭、白千层树林和季雨林等，在这里徒步旅行、摄影都是很好的选择。园内也有钓鱼的设施出租，非常方便。

Part8 达尔文

达尔文市区

5

· 明迪尔海滩 ·

旅游资讯

🏠 Mindil Beach，Dar-
win
🚌 乘坐4路、6路、
8路、15路、16路、
17路、18路、19
路公交车在Mindil
Beach 236站下车
步行前往可到

明迪尔海滩（**Mindil Beach**）是达尔文最受欢迎的海滩之一，这里海水清澈，沙质细软，坐在沙滩上吹着海风非常的惬意。这里的日落非常美丽，每到日落时分，便会有许多人聚集于此，欣赏被落日染红的天空和白云。另外，每年的4～10月还会有夜市，你可以在这里品尝特色美食，买一点纪念品，或者观看精彩的演出。

两百年纪念公园（**Bicentennial Park**）原来是达尔文原住民拉拉基亚人的野营区，也曾是澳大利亚重要的避风港，现已成为供达尔文市民娱乐和休闲的大型公园。公园内景色优美，有许多具有特色和纪念意义的建筑物，值得一游。

休闲地街（**University of Queensland**）是海边一条绿地环绕的步道，长约1300米。这条路上有一些战争纪念碑，以及很多当地人的手绘作品，极具风情。道路两边是高大的热带树林，你可以在这里散步，观看热带雨林的独特景致，体验这个城市的休闲文化。

Part8 达尔文
达尔文市区

6

• 两百年纪念公园 •

旅游资讯

🏠 122 The Esplanade, Darwin

📞 08-89300300

🚌 乘坐4路、5路、6路、8路、10路、14路、15路、21路、22路、25路公交车在 Mitchell 178 站下即可

@ www.darwin.nt.gov.au

Part8 达尔文
达尔文市区

7

• 休闲地街 •

旅游资讯

🏠 Esplanade, Darwin
🚌 乘坐4路、8路、14路、15路公交在 Mitchell 240 站下车，步行前往

Part8 达尔文
达尔文市区

8

• 乔治布朗达尔文植物园 •

旅游资讯

🏠 George Brown Darwin Botanic Gardens, Gardens Rd., Darwin

📞 08-89811958

🚌 乘坐4、6、8、15、16、17、18、19路公交车在 Mindil Beach Inbound 站下车即到

🕐 07:00 ~ 19:00

乔治布朗达尔文植物园（**George Brown Darwin Botanic Gardens**）是一座大型植物园，拥有1600多种植物，包括令人称奇的藤本植物林、红树林、猴面包树、外来的棕榈树、铁苏等，非常具有观赏价值，在这里骑自行车游览非常受游客的欢迎，可以先在信息中心领取一本旅游指南，然后选择自己想要进行的路线。

零元游达尔文周边

1

·利奇菲尔德国家公园·

旅游资讯

🏠 Litchfield Park Rd.,Finniss Valley

🚙 自驾车从达尔文向南沿 Stuart Hmy 行驶约 80 公里处向右转进入 Batchelor Rd.，再开约 35 公里即到

📞 08-89760282

@ www.litchfieldnationalpark.com

利奇菲尔德国家公园（Litchfield National Park）是一个风景非常美丽的地方，内有许多绮丽的景观。高耸而茂密的雨林、轻盈剔透的溪流水潭、一泻千里的壮观瀑布和高大神秘的教堂白蚁堆都会令你赞叹不已。另外，这里还有丰富的娱乐项目，如驾驶越野车穿越茂密的雨林、在弗洛伦斯瀑布赏景，都是不错的选择。

📎 不要门票也能 High

如果你是第一次看到这里的白蚁堆的话一定会大吃一惊，在公园的开阔空地上散布着数以百计、高达两米的白蚁堆，这也是利奇菲尔德国家公园独一无二的景点。白蚁堆的构造非常科学，能够通过改变形状和排列方式最大限度地避免阳光，保证蚁堆内部的凉爽。看着惊奇的"建筑"，不禁让人对这些小生物产生敬意。

卡卡杜国家公园（**Kakadu National Park**）是自然与文化的双重遗产，占地面积达 2 万多平方米。这里有由 3 条河流和无数支流形成的溪谷和湿地，在热带雨林里还可以看到像塔一样的蚂蚁堆，景观非常自然。在这里乘船游览，还可以看到河中的鳄鱼以及数量众多、种类丰富的野鸟。

乌比尔艺术地：这里有大量的原住民壁画，最值得看的是马布尤和主艺术画廊，通过这些生动的壁画能够了解原住民的生活状态，非常有意义。

Part8 达尔文
达尔文周边

2

·卡卡杜国家公园·

旅游资讯

🏠 Private Address, Darwin

🚐 可从北部台地乘坐 151 路、153 路巴士前往

◎ 06:30 ~ 17:00

@ www.kakadu4wdsafaris.com

达尔文·旅游资讯

交  通

飞机

    达尔文是澳大利亚著名的旅游城市，澳大利亚主要城市都有通往达尔文的航班。达尔文国际机场距市中心约 12 公里，不算太远。从中国到达尔文一般都是先到新加坡，后转乘短途航班直达。从悉尼到达尔文约需 6 小时 35 分钟，从阿德莱德到达尔文约需 3 小时 30 分钟，从布里斯班约需 4 小时 30 分钟。

达尔文国际机场简介	
地址	Henry Wrigley Drive,Darwin
电话	08–89201811
交通	1.Airport–City Shuttles Bus 由机场前往市区的主要交通工具，单程 15 分钟，非常方便 运行时间：08:00 ~ 19:00，每小时一班 票价：6 澳元 2. 出租车 阿德莱德国际机场距市中心仅 12 公里左右，到市中心价格约为 15 澳元

火车

达尔文通有火车，从阿德莱德可以直达达尔文，坐票、卧铺票价分别为700澳元、1415澳元。具体信息可登陆 www.gsr.com.au 了解。

长途汽车

澳大利亚各个重要城市都有通往达尔文的长途汽车，从爱丽斯泉到达尔文需要一整天的时间，由阿德莱德到达尔文则需要两天，由悉尼到达尔文需要3天时间，由墨尔本到达尔文需要4天时间。虽然时间较长，但在沿途可以欣赏到澳大利亚的美丽风景。

市内交通

公交车

达尔文的公交车总站位于哈里陈大道，从这里发出的公交车线路覆盖整个达尔文，并且还有很多线路连接着郊区一些偏远的地方。达尔文针对游客提供了观光巴士，每天 09:00 ～ 16:00 往返于各大景点之间，游客只要买一张日票就可以多次搭乘，非常方便。

出租车

除了普通出租车外，达尔文还有出租车巴士，价格固定，一人3澳元，两人5澳元，主要在市中心运行，可以到市中心的任何地方，远一点的像是范尼湾和东角也可以去。

租车

如果想要去达尔文周边的大型公园或者是深入沙漠中探险，再或者想要在达尔文自由畅行的话，租车都是不错的选择。租车的价格根据车型不同而不同，一般价格在20澳元左右一天。

美食

达尔文有很多餐厅，你可以在这里品尝到纯正的澳大利亚风味美食，也可以享用世界各地的特色美食。这里的特色菜有泥蟹、澳大利亚肺鱼、水牛肉等。达尔文餐厅的环境大都非常好，在海边有许多的露天餐厅，精细的装修加上开阔的视野以及美味的海鲜，一定是一次难以忘怀的美食体验。

达尔文餐厅推荐

Hingston Chinese Restaurant & Takeaway

🏠 Shop 1, Anula Shopping Centre, Yanyula Drive, Anula
📞 08-89455057

Hingston Chinese Restaurant & Takeaway 是一家在达尔文非常受欢迎的中餐厅，菜品丰富，味道正宗。在这里用餐，如果想要品尝烤鸭、黑胡椒虾等招牌菜，最好提前预订，不然很可能会吃不到。

Pee Wee's at the Point

🏠 LOT 5434 Alec Fong Lim Drive, East Point
📞 08-89816868
@ www.peewees.com.au

Pee Wee's at the Point 是一家非常有情调的海边露天餐厅餐厅装饰非常高雅，而且旁边就是一望无际的碧海蓝天，整个用餐过程就是一种享受。这里的夕阳是很美的，绚烂的晚霞使整个餐厅浪漫温馨，再配上鲜美的海鲜，让人难以忘怀。当然，想要在日落时用餐可是要提前预订的。

Hanuman Restaurant

🏠 93 Mitchell St.,Darwin
📞 08-89413500

这是一家以亚洲风味为主的餐厅，这里的食物非常美味，而且服务很好，价钱合理，这家的牡蛎非常独特，建议尝一下。

Char Restaurant

🏠 70 Esplanade,Darwin
📞 08-89814544

这家可以说是达尔文最时尚的餐厅了，以澳大利亚的美食为主。这家的牛排味道不错，推荐品尝一下。另外，餐厅的顾客较多，上菜效率不是很高，最好在饭点前或是之后再去。

达尔文其他餐厅推荐		
名称	地址	电话
Vietnam Saigon Star	4/60 Smith St.,Darwin	08-89811420
Moorish Cafe	37 Knuckey St.,Drawin	08-89810010
The Fox Ale House	85 Mitchell St.,Darwin	08-89421844

住宿

达尔文住宿的价格随着季节的变化而变化，而且旅馆之间的价格差异较大。不过不管是背包客旅馆还是高档酒店，都以环境好坏来定价格，所以如果想要节省经费的话，最好选择经济实惠的酒店。酒店可以提前预订，而且有些地方还会提供接机服务，非常方便。

达尔文高档酒店推荐

名称	地址	电话	网址	价格
Crowne Plaza Darwin	32 Mitchell St., Darwin	08-89820000	www.crownepiaza.com	约163澳元
Vibe Hotel Darwin Waterfront	7 Kitchener Drive, Darwin	08-89829998	www.vibehotels.com.au	约128澳元
Holiday Inn Esplanade Darwin	116 Esplanade, Darwin	08-89800800	www.holidayinn.com	约138澳元

达尔文中档酒店推荐

名称	地址	电话	网址	价格
Barrramundi Lodge	4 Gardens Rd., The Gardens	08-89416466	www.barramundilodge.com.au	约78澳元
Capricornia Motel	Caprocprnia Mo-tel3 Kellaway St.,Fannie Bay	08-89814055	www.caprocprniamotel.com.au	约77澳元
Mediterranean All Suite Hotel	81 Cavenagh St., Darwin	08-89817771	www.mediterraneanhotel.com.au	约95澳元

达尔文经济旅馆推荐

名称	地址	电话	网址	价格
Darwin YHA	97 Mitchell St., Darwin	08-89815385	www.yha.com.au	28 ~ 32澳元
Frogshollow Lodge& Backpackers	27 Lindsay St., Darwin	08-89412600	www.frogs-hollow.com.au	35澳元
Gecko Lodge	146 Mitchell St., Larrakeyah	08-89815569	www.geckolodge.con.au	25 ~ 29澳元

购物

　　达尔文既有大型购物中心，也有传统市场，购物场所主要集中在米切尔街、史密斯街和卡文那街一带。这里既有原汁原味的艺术品，也有精美的高端产品。温和的气候也造就了一个舒适的购物环境，一定能给你带来美妙的购物体验。

■ 达尔文购物地推荐 ■

空袭纪念商场

🏠 35 Cavenagh St.,Darwin
📞 08-89418503

　　空袭纪念商场是一个非常有纪念意义的购物地。在这里你可以看一下周围的老照片，了解澳大利亚的历史，也可以逛逛专卖店。

卡所连纳购物广场

🏠 247 Trower Rd.,Casuarina
📞 08-89202345

　　卡所连纳购物广场是达尔文最大的购物中心之一，这里有各种时装、饰品，其中不乏许多国际性的大品牌。

Close Supermarket

🏠 Cnr Links & Mcmillans Rd.,Northiakes
📞 08-89278011

Close Supermarker 是澳大利亚最大的连锁超市之一，除了售卖各个供货商的产品，这里还有自己生产的商品出售，而且价格上一般会有优惠。晚上的许多商品，特别是食物，都会有一定的折扣。

明迪尔海滩黄昏市场

🏠 Bill Drive,Darwin
📞 08-89813454

这是位于明迪尔海滩旁的夜市，一般在 17：00 后才开始。主要售卖世界各地的手工品和艺术品以及达尔文特色美食。另外，这里还会有精彩的演出。

达尔文鱼类市场

🏠 Frances Bay Drive, Fishermans Wharf,Darwin
📞 08-89412522

达尔文鱼类市场以卖新鲜海鲜为主，这里的海鲜基本都是刚刚打捞上来的。

✕✕✕✕✕✕ 娱 乐 ✕✕✕✕✕✕

达尔文拥有丰富多彩的娱乐活动，白天时可以去海滩游泳、晒日光浴、冲浪等，晚上则可以去酒吧、电影院、夜总会等地享受欢乐时光。

■ 达尔文娱乐地点推荐 ■

Flight Path Golf & Outdoor Recreation

🏠 Vanderlin Drive,Berriman
📞 08-89471257

Flight Path Golf &Outdoor Recreation 是一个环境优美美丽的高尔夫场，设备齐全，设施先进，如果喜爱高尔夫运动的话不妨来这里。

✦Hidden Valley Motor Sports Complex

🏠 Hidden Valley Motor Sports Complex
📞 08–89471471

在这里经常能看到赛车手比赛，不过与一般的赛道不同，这里总是会尘土飞扬，因而这里的比赛反而多了一份自由与狂野。在没有比赛的时候，你也可以来到这里过一把赛车瘾。

✦Deckchair Cinema

🏠 Jervois Rd.,Darwin
📞 08–89810700

位于海边的一座露天影院，每天 17:00 开场，非常浪漫。影片多以文艺片为主，偶尔也会放一些新片，如果是情侣一起旅行的话那么来这个地方是再合适不过了。

✦Darwin Waterfront

🏠 Kitchener Drive,Darwin
📞 08-89995155

这是一个超大型的户外游泳池，拥有人工模拟海浪，非常有趣。

Part 9 澳大利亚其他景点

▶▶ 塔斯马尼亚

塔斯马尼亚（**Tasmania**）是澳大利亚唯一的岛州，岛上风景秀丽，文化独特，拥有丰富的资源，这些都让这里成为了一个旅游热门地。岛上设有霍巴特国际机场和斯塞士顿机场，悉尼、墨尔本、布里斯班都有飞机直达。

威灵顿山（**Mount Wellington**）是塔斯马尼亚首府霍巴特周围海拔最高的一座山，山顶的日照平台可以俯瞰整个霍巴特市区、周边的海湾以及远处的南极。威灵顿山上树木郁郁葱葱，花草茂盛，奇岩怪石遍布山间，景色非常别致。从山脚到山顶开车需要 30 分钟左右，能很好地体验由温带至寒带的转变。当然，徒步旅行在山间，沿途细细欣赏美丽景观，也是不错的选择。

Part 9 其他景点
塔斯马尼亚

1

• 威灵顿山 •

🏠 Pinnacle Rd.,Hobart,Tasmania
📞 03—62382176
🚐 自驾车从霍巴特市中心出发，20 分钟左右到达；或乘坐 47 路大巴抵达山底，步行 20 分钟进山
@ www.wellingtonpark.org.au

旅游资讯

不要门票也能 High

威灵顿山顶风景非常好，在山顶的玻璃房中可以看到周围的美丽风景。另外，山顶的气温较低，风比较大，注意要做好防寒措施。

2

·弗雷西内国家公园·

旅游资讯

🏠 Wineglass Bay, Tasmania

📞 03–62567000

🚐 从 Franklin St. 向西北行驶，到 Noyes St. 后行驶 31.8 公里后向右转，进入 Coles Bay Rd. 后行驶约 1.4 公里即可到达弗雷西内国家公园

弗雷西内国家公园（**Cairns Promenade**）是塔斯马尼亚东海岸最著名的国家公园，由斯考滕岛、弗雷西内半岛、友好海滩三部分组成。公园内景色优美，白雪般的沙滩、湛蓝的海水和晴朗透明的天空，把这个地方装扮成了一个仙境。另外，这里还有鹦鹉、袋鼠等野生动物栖息，是一个自然气息浓厚的国家公园。

酒杯湾（**Wineglass Bay**）是世界十大最美丽的海湾之一，也是世界十大最佳海滩之一。青蓝色的海水和白色的沙滩交织在一起，形成了轮廓分明的半月形海岸线，远远望去就仿佛是一个葡萄酒杯，景色之美令人窒息，令人不自觉地赞叹大自然的鬼斧神工。你可以在海滩上漫步，观赏珍稀贝壳，也可以在山顶俯瞰个海湾，欣赏令人难以忘怀的景色。

不要门票也能 High

游览弗雷西内国家公园时，你需要自带饮用水，如果想要在公园内烧烤的话只允许用燃料炉。

3

罗斯小镇·

旅游资讯

🏠 Ross,Tasmania

🚐 距霍巴特约 120 公里，自驾前往

罗斯小镇（**Ross**）是一座古老的小镇，至今已有 200 多年的历史。小镇上的房屋都是由米色的墙壁构成，绿色的尖屋顶，隐匿在高大的橡树、榕树之中，一派整洁的田园风光。这里还是宫崎骏名作《魔女宅急便》的最初构想地，动画中的许多场景在这里都可以找到原型。美丽清闲的田园小镇仿佛一个魔力之地，将你心中的不快一扫而净。

Part 9 其他景点
塔斯马尼亚

4
·萨拉曼卡广场·

旅游资讯

🏠 Hobart，TAS 7000

📞 03-62382843

🚌 乘坐公交 154 路至 Salamanca Lawns 站下可到

◎ 周六 08:00~15:00

@ www.salamanca.com.au

Part 9 其他景点
塔斯马尼亚

5
·火焰湾·

旅游资讯

🏠 Bay of Fires，Tasmania

🚌 从比吉诺出发上 A3 公路行驶 49.3 公里后，右转接着上 A3 公路，26.3 公里后上 C850 公路后行驶 8 公里后左转 The Gardens Rd. 后即可到达，全程约 1 小时 20 分钟

四角街：镇中心的十字路口就是有名的四角街，十字路口的四个方向分别坐落着酒吧、教堂、法院和监狱，分别代表诱惑、救赎、重生和诅咒，在这里会不自觉地令人思考，非常有深意。

罗斯桥：罗斯桥是一座美丽的砂岩跨桥，也是澳大利亚第三古老的桥，桥上刻有精美的浮雕，但让人意想不到的是这座桥是由流放至此的 1 万名女囚修建而成。

萨拉曼卡广场（Salamanca Place）位于美丽的沙利文湾旁，风景秀丽。广场上保存着澳大利亚早期风格的建筑，非常有特色。现在的广场成了这里的人们休闲娱乐之处，每周六早上还会有萨拉曼卡市集开放，届时，会有上百个摊位，摊位上陈列着形形色色的木雕饰品、塔斯马尼亚风景画、各种手工艺品，有大量慕名而来的游客。

火焰湾（Bay of Fires）绵延 29 公里，被许多人誉为塔斯马尼亚最棒的沙滩。火焰湾的沙滩沙子洁白，沙质细软，是很少见的极品沙滩。另外，这里还遍布着美丽的红岩石，在阳光的照耀下就像跳动的火焰一般，火焰湾也因此而得名。更有趣的是这里自然形成的潟湖，海水清澈见底，海的颜色是富有层次感的湛蓝，美轮美奂。从远处望向火焰湾，火红的花岗岩、湛蓝的海水、洁白的沙滩三者构成了一幅别致的景象，令人难以忘怀。

谢菲尔德壁画小镇（Sheffield）是一个百年小镇，镇上保留了形形色色的唯美壁画，小镇也因此而出名。现在的小镇，基本上所有建筑的墙壁都布满了壁画，漫游在小镇中，仿佛参加一个 3D 立体画展一样，非常有趣。另外，中国歌手陈奕迅也在这座小镇上留下过他的作品，有兴趣的一定要看一下。

不要门票也能 High

　　最适合的旅游方式便是在小镇上漫步，五颜六色的壁画总是不断地给你带来惊喜，如果累了，不妨找一家咖啡厅或甜品店休息一下，在这个悠闲的小镇中感受惬意的美好时光。

Part 9 其他景点
塔斯马尼亚

6

· 谢菲尔德壁画小镇 ·

旅游资讯

🏠 5 Albert Street , Sheffield

🚗 从德文波特出来沿着 B14 公路一路南下行驶约 29 公里即可到达，全程约 30 分钟。

布鲁尼岛（Bruny Island）是位于霍巴特南边的一个岛。岛上有著名的布鲁尼国际公园，公园风景优美，高耸入云的悬崖、开阔的平地、海滩和热带雨林，都能在这里一见。另外这里还有可爱的海豹、优雅的海鸥和美味的海鲜，运气好的话还会看到鲸鱼，这些都会给你带来一次难忘的旅程。

不要门票也能 High

　　布鲁尼岛很大，推荐自驾游旅行。这里风景极好，既可以徒步旅行，探索这座神秘的小岛，也可以乘车在岛上欣赏美丽的风景。岛上的生蚝非常美味，清爽鲜嫩，如果喜欢这一美食的话一定不要错过。如果乘坐游艇的话，要注意防寒。

Part 9 其他景点
塔斯马尼亚

7

· 布鲁尼岛 ·

旅游资讯

🏠 Bruny Island, Tasmania

📞 03–62674494

🚗 在 Bruny Island Ferry 乘坐轮渡到达
@ www.brunycruises.com.au

8

• 费尔德山国家公园 •

旅游资讯

🏠 66 Lake Dobson Rd.,National Park TAS 7140

📞 03—62881149

🚌 从霍巴特驾车40分钟左右可到

费尔德山国家公园（Mount Field National Park）是塔斯马尼亚最古老的两座国家公园之一，景观非常丰富。公园内山清水秀，有茂密的丛林，也有美丽的溪流。这里的树木参天，更有高度在 12 米以上的露兜树，站在树下仰望，非常壮观。

罗素瀑布：是这里著名的景观。瀑布在山势的影响下分为数层缓缓而下，仿佛一道道清亮的水帘。站在瀑布旁，不禁能欣赏到美丽的景观，悦耳的流水声也令人心醉。

■ **不要门票也能 High**

这座公园设有 5 个徒步区，沿途景点丰富，包括罗素瀑布等著名景观。另外，在这里漫步，被周围的参天大树包围，感受森林清净、湿润的气息，好像融入自然当中，令人神清气爽。

9

• 塔斯马尼亚博物馆与美术馆 •

旅游资讯

🏠 5 Argyle St.,Hobart,Tasmania

📞 03—62114134

🚌 从游客中心出发沿 Davey St. 向码头方向步行 2 分钟即可抵达

◎ 10：00 ~ 17：00，澳新兵狼日、复活节周五及圣诞节休息

@ www.tmag.tas.gov.au

塔斯马尼亚博物馆与美术馆（Bay of Fires）对于喜爱参观博物馆的游客来说不容错过。这里有丰富的展品，其中最有意义的应该要数袋狼的标本，这是澳大利亚目前已经灭绝的动物。另外，展馆外还有许多咖啡厅和花园，欣赏完展品后在这里休息一会也是不错的选择。

■ **不要门票也能 High**

博物馆定期会举办一些活动，如果赶上的话不妨去参与一下。每周三至周四 14：30 都会有免费讲解。另外，站在袋狼标本前会很有感触，对这些已经消失的物种不禁产生惋惜之情。

摇篮山国家森林公园（**Cradle Mountain National Park**）风景秀丽，这里最出名的便是露兜树和水青冈，每年的 4～5 月，水青冈的颜色会从金色变成深红色，漫山遍野，秋意盎然，风景极美。另外，这里还是有名的豪华别墅区，园林修建的非常规整。山间的漫步道上风景极美，由层叠的水道慢慢来到茂密的雨林，极富层次感的变化，令人流连忘返。

圣克莱尔湖：是澳大利亚最深的淡水湖，最深点为 215 米。这里本来是一处山谷，因冰川刨蚀而不断加深，后来冰川引发泥石流堵塞河道而形成了湖泊。圣克莱尔湖风景优美，如镜般的水面折射着明媚的阳光，四周是白雪皑皑的山峰，就仿佛仙境一般，来到这里整个心灵都随着沉静下来。

塔斯马尼亚大学（**University of Tasmania**）是澳大利亚四大历史名校之一，也是澳洲最有声望的大学之一。大学的教育、研究和学生服务设施一流，许多专业在国际享有盛誉，教学质量非常高。另外，由于岛上的独特环境，使这里成为了澳洲最具特色的大学之一，但由于地理位置较偏，所以并没有非常多的学生，不过也正是偏僻这个原因，使得在这所大学上学的学生有机会看到美丽的南极光，其景色也是其他大学所不能比拟的。

Part 9 其他景点
塔斯马尼亚

10
· 摇篮山国家公园 ·

旅游资讯

🏠 Cradle Mountain, Tasmanien
📞 03-62891172
🚗 由谢菲尔德壁画村驾车 50 分钟左右

Part 9 其他景点
塔斯马尼亚

11
· 塔斯马尼亚大学 ·

旅游资讯

🏠 Churchill Ave., Sandy Bay TAS 7005
📞 03-62891172
🚗 在霍巴特乘坐 205 路、207 路、231 路、235 路公交车至 University Stop 11 站下车可到
@ www.utas.edu.au

·塔斯马尼亚皇家植物园·

旅游资讯

🏠 Queens Domain, Hobart,Tasmania
📞 03-6234629
🚌 搭乘开往 Eastern Shore 的巴士，在 Stop 4 站下可到
◎ 4 月 08:00 ～ 17:30，5 ～ 8 月 08:00 ～ 17:00，9 月 08:00 ～ 17:30，10 月至次年 3 月 08:00 ～ 18:30
@ www.rtbg.tas.gov. au

塔斯马尼亚皇家植物园（**Royal Tasmanian Botanical Gardens**）是澳大利亚第二古老的植物园，园区小而精致，风景优美。在塔斯马尼亚展示区可以观赏到从生长在山区到生长在海边的各种植物，其中不乏许多珍贵植物，并且有的树木树龄已经达到 100 年以上。另外，这里的游客中心配有餐厅、画廊和纪念品中心，感兴趣的人可以去逛一下。

·鹰颈峡·

旅游资讯

🏠 Eaglehawk Neck TAS
🚗 自驾沿 rthur High way 北上 18.4 公里即可到达，全程 15 分钟左右

鹰颈峡（**Eaglehawk Neck**）因其形状狭窄，酷似鹰的脖子而得名，是综艺节目《十二道峰味》的取景地。这里地势险峻，景观惊奇，有郁郁葱葱的茂密森林，也有嶙峋的悬崖峭壁，站在这里看着眼前的惊涛骇浪，非常壮美。

昆士兰州其他景点

白色天堂海滩（**Whitehaven Beach**）是由海底的火山爆发后堆积形成，沙细如丝，海清天蓝。这里曾被顶级旅游杂志评为澳洲最美丽与最受欢迎的海滩，其主要是因为这里是一座无人岛，海滩没有受到一丝的污染。清澈见底的碧蓝色海水、色彩斑斓的珊瑚礁，配上细软、洁白的沙滩以及海岸线上的茂密的红树林，让这里成为了世界上最宁静、美丽的地方。

Part 9 其他景点
昆士兰州

1

· 白色天堂海滩 ·

旅游资讯

🏠 Whitehaven Beach,Whitsunday Island,Queensland

🚐 由于岛上没有码头，最好的方法是乘坐水上飞机到达

艾利沙滩（**Airlie Beach**）是一个海边小镇，但风景优美，而且很有特色。小镇的规模不大，随处可见蓝天白云，而且岛上园林修建的非常漂亮，许多木桥、木亭也让这里变得别致。在这里沐浴海风是一种非常惬意的享受。另外，这里还有咖啡厅、酒店、冰激凌店、超市以及人造沙滩泳池，是一个度假胜地。

艾利海滩泻湖（Airlie Beach Lagoon）：是一个休闲的好地方。泻湖不仅有各种设施，还将美丽的大自然景观与人造景观融合在一起。你既可以在此享受美妙的日光浴，也可以找一个静谧之处安静地读书。另外，这里的安全措施非常完善，你可以放心游玩。

Part 9 其他景点
昆士兰州

2

· 艾利沙滩 ·

旅游资讯

🏠 Airlie Beach,Queensland

📞 07-49453967

🚐 乘坐 1 路公交车在 Shute Harbour Rd near Broadwater Ave 站下车可到

旅游资讯

🏠 Cooloola,Great
Sandy National
Park,Noosa Heads
🚌 周边无公共交
通，推荐自驾游去
@ www.nprsr.qld.
gov.au

库鲁拉大沙国家公园（**Cooloola,Great Sandy National Park**）的沙滩上可以欣赏到大自然最壮美的雕塑杰作。这里有巨大的沙丘和高耸的悬崖，彩色的沙滩和开放的海滩被风和流水一点点侵蚀，形成了一幅独特的景观。这里有高大的丛林和芬芳的石南野花，也有美丽的海浪，非常适合游玩。

🟪 **不要门票也能 High**

在风景优美的库鲁拉大沙国家公园，带上帐篷，踏上库鲁拉荒野路径是许多探险达人热爱的旅行，用时 2 ~ 4 天。你也可以在努萨河上静静地泛舟，欣赏两岸的美丽风光。

旅游资讯

🏠 Tamborine Mountain,Queensland
🚌 周边无公共交通，可以报旅行团或者一日游
@ www.nprsr.qld.gov.au

天宝林山（**Tamborine Mountain**）是黄沙碧海背后的一片绿洲，山脚下的 13 个独立自然保护区构成了天宝林山国家公园。天宝林山风景优美，有茂密的森林和壮观的瀑布，但最有名的要数坐落于山间的童话小镇。到达山顶，能够俯瞰整个黄金海岸的优美景色，非常壮观。

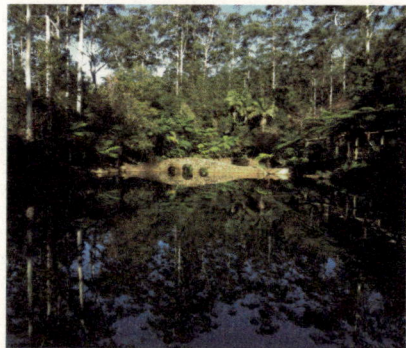

天宝林山小镇：是一个如童话般美丽的欧式小镇，充满了浓厚的文艺气息。这里有一条有名的 Gallery Walk 艺术街，在这条街上有很多风格各异的小店铺，出售各种古玩和艺术品。另外，小镇上有长达 500 米的艺术画廊，有众多出售自制陶器、艺术品的商店和格调优雅的咖啡馆、酒庄，每一间都有自己的独特之处。

▶▶ 西澳大利亚州其他景点

邦格尔邦格尔山脉（**Whitehaven Beach**）是西澳大利亚州最具魅力的地质奇观。这条山脉海拔 578 米，被森林和草地覆盖，还有几处陡峭的山崖。山脉因其交织着橘色和黑色的条纹蜂窝状山形而出名，横扫整座山脉，会被这奇特的美景而惊叹。山脉在雨季会有许多植物和动植物资源，被这里的原住民充分利用，现在还遗留着他们的艺术和土葬遗址。

不要门票也能 High

这里适合每年的 4 ~ 11 月份前来，其他月份要么过于炎热，要么是雨季。另外，如果想要玩得尽兴的话，一定要挑一个天气晴朗的日子去。

Part 9 其他景点
西澳大利亚州

1

·邦格尔邦格尔山脉·

旅游资讯

🏠 Purnululu National Park, Western Australia
🚐 由霍尔斯克里克机场报团前行或者自驾前往

鲨鱼湾（**Shark Bay**）位于澳大利亚最西部的海岸，因为拥有 4 个显著的天然特征而被列入世界遗产，即代表了地球的进化史；代表了生态学和生物学进程；超自然现象；对多种生物的正常保护。这里有众多动物和鸟类，如蜥蜴、小袋鼠、鲨鱼湾鼠等，海中还栖息着许多珍稀的海洋生物。

不要门票也能 High

这里是一个风景如画的地方，清澈的海水里有许多罕见的鱼群，在每年的鲨鱼季（3 ~ 5 月）还可以看到成群结队的鲨鱼宝宝，非常可爱，美丽而富有生气的鲨鱼湾一定会让你感受到自然的魅力。

Part 9 其他景点
西澳大利亚州

2

·鲨鱼湾·

旅游资讯

🏠 Shark Bay Region, Denham
🚐 周边无公共交通，需要自行驾车前往

3
·赫特泻湖·

旅游资讯

🏠 Gordon Garratt Drive,Geraldton Airport, Moonyoon-ooka

🚌 无公众交通，需要自驾游前往或从杰拉尔顿乘坐观光飞机前去

📞 0481-313778（中文）；08-99233434（英文）

@ www.augac.com

赫特泻湖（**Hutt Lagoon**）又称作粉湖，是西澳大利亚海岸线上著名的神奇湖泊。粉湖因为杜氏盐生藻的存在，所以盐含量很高，湖内盛产胡萝卜素，所以整座湖泊都是粉红色的，景观非常奇特。另外，这里的胡萝卜素还被用作化妆品的原料。粉湖的颜色随着盐度的变化在不同的季节会有不同程度的变化。在阳光明媚的日子，粉湖会呈现很美的颜色。

🟪 不要门票也能 High

空中观光是欣赏粉湖的最好方式。粉湖因为藻类产生的细菌和微生物，靠近的话气味难闻，并且景色并没有想象中的那么好。只有空中观光的方式能够欣赏到美丽的粉湖。

4
·贝壳沙滩·

旅游资讯

🏠 Francois Peron National Park,West Australia

📞 08-99481208

🚌 无公众交通，需要自驾游前往

🕐 周一至周五 08：30 ～ 16：30，周末和法定假期不开放

@ parks.dpaw.wa.gov.au

贝壳沙滩（**Tamborine Mountain**）是一个纯粹由贝壳组成的海岸线，全世界仅有两座这样的沙滩。这里的贝壳数以万计、深达数米，曾有人挖了五米也未见到沙子，放眼望去全是大小不一，颜色各异的贝壳，非常奇特。除此之外，不可思议的奇妙环境也是这座沙滩的特点之一。

阿布洛霍斯群岛（**Abrolhos Islands**）被称为"西澳最后的秘境"，以神秘、壮观与纯净而著称。与其他观光地不同的是，岛屿完全由渔业部门进行专门管理。从空中望去，这里就好比一座蓝色秘境一般，透过清澈的蓝色海水能一眼望到海底。另外，这里也是澳洲龙虾最主要的产地之一，产出的龙虾运往世界各地。

不要门票也能 High

1. 阿布洛霍斯群岛本身由珊瑚礁群落组成，因大面积的礁体存在，这里发生过很多重大的沉船事件。如果乘坐观光飞机飞行，你能够有机会看到在海里的沉船遗迹。此外，因为珊瑚礁较浅并且没有遭到任何破坏，而且由于洋流的作用，水温长年保持在20℃~22℃，使这里成为适合浮潜的地方。

2. 岛屿因得天独厚的地理环境，拥有丰富的动植物资源。有各种蜥蜴，特别是珍稀动物华勒比小袋鼠、白腹海雕、海鹰等。在岛上你还能亲眼看到电视里才能看见的海鹰巢穴。

Part 9 其他景点
西澳大利亚州

5

·阿布洛霍斯群岛·

旅游资讯

🏠 Gordon Garratt Drive, Geraldton Airport, Moonyoonooka

📞 0481-313778（中文）；08-99233434（英文）

🚌 无公共交通，且政府规定必须乘坐飞机前往

🕐 全天开放，但游客不得在岛上留宿

@ parks.dpaw.wa.gov.au

▶▶ 北领地

Part 9 其他景点
北领地

1
· 爱丽丝泉 ·

旅游资讯

🏠 Alice Springs, Northern Territory

📞 08-89567460

🚗 可以由达尔文购买通往爱丽丝泉的火车票

爱丽丝泉（**Alice Springs**）以其环绕四周的沙漠美景和历史遗产驰名。这里是皇家飞行医生团的起源地，也是前往澳大利亚壮丽奇景——艾尔斯岩的中途站。登上安萨山，可以俯瞰爱丽斯泉及邻近地区的美丽景色。

安萨山：安萨山是爱丽丝泉附近的小山，可以从山上俯瞰爱丽丝泉和周围的棕榈峡谷、沙漠公园等，景色非常的萧瑟，有一种别样的美。另外，这里也有售卖当地原住居民制作的艺术品，价格都非常实惠。

🔖 不要门票也能 High

1. 在爱丽斯泉有很多富有冒险的旅游项目，如丛林漫步、热气球、骑骆驼旅游等，另外，还有一些定期举办的活动也非常有意思，比如在干涸的 Todd 河河床上进行划船比赛，还有热闹非凡的骆驼竞赛，都十分有趣。

2. 每年 10 月至次年 3 月，这里的阳光强烈，太阳眼镜、太阳帽以及防晒油都是必备的旅游用品。5 月~9 月，天气则比较冷，夜间及早上温度较低。另外，这里的蚊虫较多，所以最好携带防蚊虫的药品，以免遭受沙漠蚊虫的攻击。

瓦塔卡国家公园（**Watarrka National Park**）遍布着红色悬崖如同月球表面一般景观壮丽，早在两万年前便有人类生活于此地。公园内最著名的景点是国王峡谷，有"澳大利亚的科罗拉多大峡谷"之美誉，峡谷里生长着茂密的灌木丛林，还有可以游泳的水塘。

Part 9 其他景点
北领地

2

· 瓦塔卡国家公园 ·

旅游资讯

🏠 Watarrka National Park, Kings Canyon

📞 08-89567460

🚐 无公众交通，可以自驾前往

国王峡谷：国王峡谷是大自然的鬼斧神工在北领地留下的一处奇迹，这是澳大利亚最深、最陡峭、最壮观的一处峡谷。峡谷长1000多米，高低落差达270米，开裂的地方异常平整，景观非常奇特。峡谷形成于3亿年前，层次丰富，峡谷内岩石五彩斑斓，颜色从乳白到褐黄、锗红到深紫，变化无尽，瑰丽无比。

伊甸园（Garden of Eden）：是炽热干燥的国王峡谷中的一处绿洲。在炎热的峡谷中，徒步旅行时突然发现这样的一处绿洲怎能不叫人惊喜？这里有一排排碧绿而深邃的洞穴，其点缀在红色的峡谷峭壁上，非常壮丽。

不要门票也能 High

　　游览国王峡谷的最佳方式自然是徒步攀登，中午日晒太猛，因此徒步的最佳时间是清晨和傍晚。徒步一般需要3个小时，徒步国王峡谷推荐4条主要路线：

　　1. 由国王溪步道(Kings Creek Walk)游览国王峡谷，这是一条比较轻松的路线，往返约2公里。沿着溪流的岩石河床攀爬到一个升起的平台上，能仰望到令人屏息的峡谷峭壁。

　　2. 国王峡谷边缘步道（Kings Canyon Rimwalk）长约6公里，是最值得推荐的路线，徒步需3～4小时。途中能够看到令人难以置信的绿洲和池塘——伊甸园。此外，还能看到巨大蜂窝状砂岩圆顶。

　　3. 凯瑟琳泉步道（Kathleen Springs Walk）往返约2.6公里，徒步需1小时。步道通往峡谷前端的一个水潭，轮椅也能通行。

　　4. 盖尔斯路径（Giles Track）连接国王峡谷和凯瑟琳泉，长约22公里，适合经验丰富、准备充分的远足者。

Part⑩ 澳大利亚·旅行信息

证 件

办理护照要趁早

出境旅游，首先需要准备的证件就是护照。如果游客没有护照或者所持护照有效期不满 6 个月，就必须去办理或者更换护照。根据最新的规定，全国现在共有 43 个城市的外地人可以携带本人有效身份证或户口簿及其他相关证件在当地办理外，其他城市的人则需要携带有效身份证或户口簿在本人户口所在地办理。可以就近办理护照的城市有：北京、天津、石家庄、太原、呼和浩特、沈阳、大连、长春、哈尔滨、上海、南京、杭州、宁波、合肥、福州、厦门、南昌、济南、青岛、郑州、武汉、长沙、广州、深圳、南宁、海口、重庆、成都、贵阳、昆明、西安、无锡、常州、苏州、温州、嘉兴、舟山、泉州、株洲、湘潭、珠海、东莞、佛山。

办理护照的方法有两种，一种是携带证件到公安部门办证大厅办理，一种是在公安局官方网站的相关位置预约办理。第一种为最常规的办证方式，第二种是随着城市发达程度而发展出的便民措施。

·办理步骤·

1 填表

方式1：浏览器搜索"xx市公安局出入境管理处"，进入网站后找到"表格下载"栏目，选择下载"中国公民出入境证件申请表"，打印并按要求填写。

方式2：携带本人身份证或户口簿到当地公安局出入境管理处填写该表，并复印相关证明材料。

2 递交申请表

在表上贴上符合要求的照片（也可到出入境管理处拍照），与其他所需材料递交到受理窗口，待工作人员审核完毕后，领取《因私出国（境）证件申请回执》单，核对回执单内容准确无误后签名。然后再按要求录入指纹。

3 交费

持《因私出国（境）证件申请回执》到收费处交费。

4 领取护照

方式1：本人按规定的日期取证，携《因私出国（境）证件申请回执》、缴费单、本人身份证件到出入境接待大厅领证。

方式2：让他人带领，需携《因私出国（境）证件申请回执》、缴费单、托付人身份证件、你自己的身份证件复印件去领取（个别地方另有差别，如一些地方规定，如一个户口簿上的亲人帮领取，则无需身份证，只需户口簿即可）。

方式3：选择快递，需在办理护照当天，凭《因私出国（境）证件申请回执》到出入境管理处内的邮政速递柜台办理手续并缴纳快递费。

·网上预约办证·

现在有些城市接受网上预约办理出入境证件（包括护照、港澳台通行证等）。如果想省去在大厅等待办理证件的时间，可以通过这种方式先预约办理护照，预约成功后，在指定的时间内携带自己的各种证件，前往指定的公安机关办理，这样可以直接办而不必再排队。

部分接受网上预约办理出入境证件的网址

城市	网址二维码	城市	网址二维码
北京		上海	
广州		深圳	

签证办理并不难

办好签证才算完成了到澳大利亚旅行的第一步，所以很多人会在旅行的半年前就开始准备申请赴澳大利亚签证。首次申请赴澳大利亚旅行签证类别是访客签证（600类别），适用于计划前往澳参加非工作类活动的人员。持有访客签证则可一次或多次出入澳大利亚，每次停留不超过3个月、6个月或12个月。你可在澳大利亚在中国的签证申请中心（AVAC）网站 www.australiavisa-china.com 上了解相关信息。

·办理签证所需材料·

办理澳大利亚签证面签时所需要的材料很多，需要细致和耐心地准备。你可按照下述材料表，将需要准备的材料准备齐全。

材料	详情
办理澳大利亚签证需要准备的材料	
护照	护照的有效期应该在6个月以上，本人在护照末页签名，如有旧护照，也一并带上
户口簿	户口簿复印件（包括迁出、注销页）
身份证	正反两面复印件，最好备一份复印件
照片	6个月内的彩色数码正面免冠照，白色背景，长45毫米，宽35毫米，背面用铅笔签名，另外，建议事先在签证官网的"上传照片"页面验证照片是否合适
申请表	一份打印出来且已经填写完整，并经本人签字的申请表，下载地址为 www.immi.gov.au/allforms
面签预约单	需要打印件
酒店预订单和机票预订单	如果你在澳大利亚期间是住在朋友或亲人家里，需要提交朋友或亲人提供的邀请信，信中应包括你的朋友或亲人的地址以及在该处停留的日期
旅游行程安排	越详细越好，列清楚每一天要游玩的景点，并写明游玩想要收获的内容
财产证明	可以显示过去4个月收入和存款信息的银行对账单或者其他能证明财务状况的文件（如存折、存款证明、个体经营者可提供业务对账单等）
在职证明／就读证明	1. 如果是在职人员，需提供所在公司用公司抬头纸出具的证明信原件，包括申请人职位、薪资、任职时间、公司详细联系方式，以及公司注册号等 2. 如果申请者为个体经营者，需提供商业登记文件复印件 3. 如果是学生，需提供就读学校用学校抬头纸出具的证明信原件，证明就读情况和请假相关详细信息

备注：以上所有中文资料都需要翻译成英文

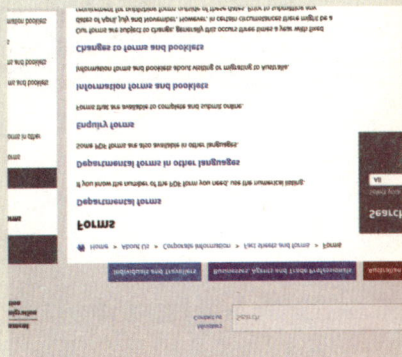

如果是带孩子的游客，也需要给孩子准备好资料。

办理澳大利亚签证的孩子需要准备的材料	
材料	详情
孩子随父母出行	1. 出生证明，上面注明父母双方的姓名 2. 父母结婚证的复印件 3. 学校就读证明
如孩子父母或法定监护人中一方或双方都不随行的材料	1. 所有不随行父母的身份证复印件 2. 所有不随行父母的书面签名授权，上面需注明 3. 申请人需在 www.immi.gov.au/allforms/pdf/1257.pdf 上签署一份担保声明 4. 大致的旅游日期和天数 5. 同意单次还是多次入境 6. 不随行父母的联系方式

·办理签证的程序·

1. 下载签证申请表。办理澳大利亚签证，需要先从澳大利亚驻华使领馆官方网站上下载签证申请表，有中英文双语版的表格。首次申请澳大利亚旅行签证类别是600，应下载600材料核对表。用黑色签字笔填写，填写内容须用英文，可以找人代填，但是签名必须是自己签。申请表上所有的基础信息都必须准确真实，并且与护照上的一致。下载网址为 www.immi.gov.au/allforms/foreign/1419chs.pdf。

网址二维码：

2. 准备支持性文件。通常包括个人材料、资金材料、工作证明或在读证明以及其他材料，具体资料准备详情可参考本章节办理签证所需材料部分。

3. 递交签证申请。递交签证申请主要有两种方式，即邮寄申请和亲自递交。邮寄申请的邮件内，需要包括申请表、护照和申请材料，并且确认已经向使领馆支付了申请所需费用，如果需要使领馆将护照、签证结果等邮寄返回，还要额外支付邮寄费用；亲自递交并不意味着会比通过邮寄方式递交的申请处理得快。

4. 领取签证。在签证申请处理完毕后，可以选择亲自去签证申请中心领取签证，或支付额外费用以快递方式取回签证。办理签证所需的时间快则 4 ～ 5 天，慢则 10 ～ 15 天。

5. 若被拒签。如果条件不是很好或是准备不是很充分，被拒签了的话，可以找签证公司帮忙。另外，如有特殊需要，也可以申请澳大利亚签证加急预约。

行程 计划

选对城市很重要

澳大利亚作为世界旅游胜地，有非常多的地方值得一去，但是一次旅行很难走遍所有城市，最好根据自己的爱好和预算挑选合适的城市游玩。如果有一周左右的时间，建议在悉尼、墨尔本及黄金海岸等澳洲著名旅游胜地游玩，最大程度的享受澳洲旅游的精华。如果有 10 天左右的时间，在悉尼及周边游玩的同时也可以去凯恩斯、堪培拉、阿德莱德等澳大利亚具有代表性的旅游城市。或者在悉尼附近游玩 3 ～ 4 天后前往珀斯、达尔文等地感受不一样的澳洲风情。如果有 15 天以上的时间，则可以挑选更多喜欢的城市，或者根据自己的喜好安排行程，比如野外露宿等。

澳大利亚行程花费须知	
项目	详解
用餐	在澳大利亚，不同级别的餐厅消费也不一样，快餐的话每顿饭在 3 ～ 30 澳元，而如果想要享受精致的美食，去一些高档的星级餐厅的话，则可能需要更高的价格。另外，在澳大利亚有许多家庭旅馆，并有齐全的厨房设施，可以选择自制美食，美味又实惠
住宿	在澳大利亚住宿，推荐经济又方便的家庭旅馆和短租公寓，拥有较大的活动空间，并且厨房、卫生间等设施非常齐全，一般一晚需要 60 澳元左右。而在像悉尼、墨尔本这种大城市的豪华酒店入住的话，每晚则需要 200 澳元左右
交通	乘坐地铁、公交车一天需要花费 20 澳元左右，成坐出租车一天花费 50 澳元左右

做出预算有分寸

对自己的澳大利亚行程做一个预算很有必要，对行程中的花费做到心中有数。在澳洲旅行，一般如悉尼、墨尔本等大城市或旅游城市，消费水平会略微高于其他地方。但总体上来讲，在澳大利亚旅行，一日三餐花费 200 元人民币就能享受到很不错的澳大利亚美食了。澳大利亚的住宿类型多到无法想象，3 星级标准的西式酒店每晚在 400 元人民币左右。

提前打印行程

在选好城市、定好路线后，将自己所做的行程安排打印出来随身携带，很有必要。住宿地点、乘车地点的相关资讯尤为重要，在自己迷路或是遇到其他情况的时候，手里的旅行安排就会派上用场。此外，各类地址最好用英语和中文双语标注，这样，既能让自己看懂，也能让你所乘车辆的司机更快明白你所要去的目的地。

关于 货币

到底要花多少钱

如果你选择自助旅行，那么对于此次行程的基本费用有个大致的了解非常重要。若能够根据澳大利亚的物价信息做出大致的预算，将会防止严重超支。在澳大利亚旅行，基本开销包括住宿费、饮食费、观光费、交通费、娱乐费、礼品费等。做预算时，要根据实际需求设定各项费用的大致开销。你可以参考下面的物价信息，做出基本预算。

名目	类别	费用	详情
机票	往返联程	6000 ~ 9000 元／人	此处为经济舱机票价格，费用包含燃油费；旅游淡季机票价格便宜，提前订票能享受优惠
住宿	大城市	约 800 元／天	在堪培拉等大城市的酒店住宿费用很高，如果倾向于自己准备餐饮，可以预订短租房、家庭旅馆等，费用会降低很多，且能有较多的空间活动
	小城市	约 300 元／天	在中小城市，住宿费用低，住家庭旅馆等更实惠

在澳大利亚旅行的物价资讯（单位：人民币）

续表

名目	类别	费用	详情
饮食	快餐店	全家约 180 元／餐	快餐店方便快捷，省时间，不过大多数食物热量较高
	星级餐厅	全家 1000 元／餐	如果想坐下来吃顿正餐，享受精致的美食，那就需要多准备一些钱，1000 元是基本消费水平
	家庭旅馆自制	全家人 50 元／餐	自制餐一般是自己做，荤素搭配，既营养又具有家庭味道
市内交通	出租车	市内出行约 100 元／程	澳大利亚出租车起步价约 15 元，节假日、深夜价格会有所提高，需要付小费给司机，短途出行通常约 100 元
	地铁、轻轨、公交车	12 元／次	以悉尼地铁为例，最低票价成人 12 元，儿童 6 元
购物	化妆品	约 200 元／件	澳大利亚的一些化妆品价格是国内的 4～5 折，还有很多优惠活动
	儿童衣服	约 300 元／件	在澳大利亚的品牌服装店，能够以非常低的价格买到舒适的儿童服装，最关键是款式新潮，极受潮妈喜爱
	电子产品	约 4000 元／个	如果想买苹果系列的笔记本、相机等，这也是个好机会
	香水	200～800 元／瓶	一些国际品牌的香水在澳大利亚卖得要比国内便宜很多，而且能买到很多国内没有的款式
	品牌服饰	100 元起／件	澳大利亚的一些品牌服装店在打折时会低至 100 多元，要比国内便宜很多，推荐耐克等运动系类的服装或鞋子
	纪念品	200 元／件	澳大利亚的一些特色商品在打折时，价格实惠，品质好，送朋友最合适
娱乐	儿童乐园	单人 600 元／场	儿童乐园有很多项目，直接购买通票或是家庭票更加优惠
	剧场	单人 70～100 元／小时	悉尼的歌剧院是每个喜爱戏剧的朋友最不容错过的目的地
租车	小型轿车	租金约 100 元／天，停车费 6～40 元／天	租车自驾在澳大利亚会方便很多，有时也能有效减少交通费用，但有些地方停车费用比较高，要注意不能违章，否则罚款更高

兑换澳元要了解

澳大利亚元（以下简称澳元）是澳大利亚联邦的法定货币，由澳大利亚储备银行负责发行，现在市面上流行的澳大利亚元是用聚乙烯材料制作的，具有耐磨防伪的特点。

·澳元纸币·

澳元纸币最大的面值是100澳元。5澳元正面是英国女王伊丽莎白二世，背面是澳大利亚国会山；10澳元正面是澳大利亚诗人帕特森，背面是澳大利亚诗人吉尔默女爵；20澳元正面是澳大利亚女企业家莱蓓，背面是澳大利亚"皇家飞行医生服务"创始人弗林牧师；50澳元正面是澳大利亚原居民作家、发明家戴维·乌奈庞，背面是澳大利亚首位女议员艾蒂丝·科恩；100澳元正面是澳大利亚女高音歌唱家梅尔巴，背面是澳大利亚杰出的军事将领莫纳什爵士。

·澳元硬币·

澳大利亚元硬币有5分、10分、20分、50分四种，1澳元等于100分（cent）。澳大利亚硬币的正面为英国女王伊丽莎白二世头像。不同面值的硬币背面图案不同，面值大一点的使用人物头像，面值小一点的使用当地特色动植物（如袋鼠、香树等）。

·兑换澳元·

去澳大利亚旅行，要把人民币换成澳元现金才能直接使用，或者把澳大利亚ATM能够识别的储蓄卡里的人民币兑换成澳元，并存入澳元账户，这样刷卡使用既方便又安全。因而了解怎么兑换澳元，在哪里兑换等非常重要。

首先你不需要携带太多的澳元现金到澳大利亚游玩，准备2000澳元左右即可，其中1000澳元兑换成50澳元的纸币，500澳元兑换成100澳元，500元兑换成20澳元、5澳元的零钱，尽量不要在身边留100澳元的纸币，因为100澳元在澳大利亚属于比较大的数额，商家一般不愿意收取。面值在20澳元以下的钞票比较常见，小商店一般不收50澳元及以上的钞票。零钱对于付小费、乘坐公交车等非常有用。

兑换澳元可以在国内通过银行或者外贸公司兑换，也可以在澳大利亚境内的机场、旅馆、酒店、货币兑换处（Money Exchange）兑换。去银行兑换，通常需要预约，汇率比较合适的银行是中国银行和招商银行等。而在外贸公司兑换，汇率浮动较大。在澳大利亚境内兑换货币，通常汇率都比较低，不太划算，不过不用担心数额。同时要注意的是，即便兑换了大量的澳元，到澳大利亚购物也要有数，超过一定的金额带回国，需要缴纳相关的税费。

■ 省钱才是硬道理

在外旅行，吃、住、行、购都需要用钱，但是每个人的要求又有所不同，有人在美食上从不将就，有人则想要住得舒心一点。那么如何使每一分钱都花在刀刃上，就成了你必须考虑的问题。下面是一些关于如何省钱的建议，你可以根据自己的需求进行选择。

✖✖✖✖ 省钱窍门 ✖✖✖✖	
省钱方法	**细节**
制订旅行计划	出门前选择有兴趣的目的地制定旅行路线，防止景点重复和交通浪费
巧用时间差	提前购票，这样优惠就比较多；可以选择淡季出行，可以省下一笔旅游费用
带上信用卡	带现金比较容易丢失，建议带上信用卡，既方便，又能攒积分
以步代车	对于距离比较近的景点，如果体力可以，尽量选择健康环保的步行方式，这样能节省不少交通费用
在景区外食宿、购物	景区内的食宿一般都贵，可以中午携带方便的食品先垫垫，出了景区再找食宿；景区内的纪念品价格也比较高，可以去特色街区购买便宜而有纪念意义的物品
货比三家	在一些热门景区的小商店，许多纪念品的标价都比较高，这时你要货比三家，并学会适当砍价。不过在一些规模比较大的商店，已经明码标价的商品则不能砍价
选择提供早餐的旅馆	如果你选择经济型酒店，注意是否包含早餐。选择提供早餐的旅馆，可以节省不少费用
网上预订机票和酒店	在你打算去澳大利亚旅行后，应尽快做好出行计划，尽早预订机票和酒店。预订后要保持沟通，在发现降价时可以要求供应商提供折扣，这样你越早预订，就能享受越多的折扣
把握好商品打折机会	在澳大利亚旅行，很多人都会有自己的购物计划。每一个季节结束时，许多名牌货仓会有过季商品打折活动，可以把握好这一机会
结伴出游	如果可能，建议尽量结伴出游，这样不仅能有个照应，在住宿、出行时彼此也都能省下一些费用

刷卡千万要注意

在澳大利亚游玩，很多游客除了携带少量澳元现金，或在储蓄卡（Debit Card）中备有一定澳元外，在大型购物中心购物、租车（缴纳保证金）、预订酒店（缴押金）、购长途车票、用餐结账时往往都要用信用卡（Credit Card）。澳大利亚的 ATM 等能够识别的信用卡卡种有维萨卡（VISA）、万事达卡（Master Card）或有银联标志的银联卡等，但信用卡通常会收取 2% ~ 3% 的手续费。

另外，要注意的是，办理这些卡，要跟银行工作人员讲清楚是人民币、澳元双币信用卡，这样在澳大利亚消费，才能够以澳元记账，如果经常出境游玩，也可以办理全币卡。最后要向银行工作人员问清楚，账单日、还款日、怎样免年费（通常刷满一定金额可以免年费，或者满足一定的消费条件可以免年费）、汇率如何计算等，然后做好相应的准备，避免还款时支付不必要的金额。

在澳大利亚使用便利的信用卡卡种

卡种	英文名称	发卡银行电话	网址
万事达卡	MasterCard	800—6278372	www.mastercard.com
维萨卡	VISA	800—8472911	www.visa.com
大莱卡	Diners Club	800—2346377	www.dinersclub.com

需要注意的是：1. 境外取款尽可能使用银联借记卡，有 VISA 卡（有借记卡和信用卡两种）会很方便；2. 国内的银联卡在境外不能进行银行柜台转账和提现；3. 澳大利亚不少 ATM 都有中文界面，比如汇丰银行（HSBC）及 NAB；4. 注意澳大利亚 ATM 是先退卡再吐钞。

便利的 卡券

悉尼 Opal 交通卡

Opal 卡是悉尼专用的储值交通卡，相较于一般的支付方式，Opal 卡拥有更多的折扣，非常合适。凭借 Opal 卡可以乘坐许多交通工具，包括火车、轮渡、巴士、轻轨电车等，适用地区包括悉尼、蓝山、中部海岸、伊拉瓦拉等地。使用 Opal 卡，一日乘车支付的最高票价为成人 15 澳元。就是说如果在一天内乘坐交通工具所有的票价之和超过 15 澳元，那么便可以在当天余下的时间免费乘坐所有交通工具。而在星期天，在公共交通网络的任何地方出行需要支付的最高票价为 2.5 澳元，非常合适。另外，如果你在一个地方下车所待的时间不超过 60 分钟的话，继续乘坐同类交通工具便可算为一次票价。比如你在公交车站点下车后购买东西，在 60 分钟内再次乘坐公交车，那么这两次乘坐只收取一份票价。除了价格上的优惠外，如果一周乘坐 8 次付费交通工具后，那么这周内乘坐所有的交通工具都将免费。

购买 Opal 卡的话可以登陆 Opal 卡官网（www.opal.com.au）或致电 136725，另外在悉尼也有许多的 Opal 零售店，购买常方便。

Opal 各类交通工具成人票价参考			
交通工具	行程	高峰时段票价	非高峰时段票价
火车票价	0 ～ 10 公里	3.38 澳元	2.26 澳元
	10 ～ 20 公里	4.20 澳元	2.94 澳元
	20 ～ 35 公里	4.82 澳元	3.37 澳元
	35 ～ 65 公里	6.46 澳元	4.52 澳元
	大于 65 公里	8.30 澳元	5.81 澳元
巴士票	0 ～ 3 公里	2.10 澳元	
	3 ～ 8 公里	3.50 澳元	
	大于 8 公里	4.50 澳元	
悉尼轮渡	0 ～ 9 公里	5.74 澳元	
	9 公里	7.18 澳元	
Stockton 轮渡（纽卡家）	单次行程	2.10 澳元	
轻轨电车	0 ～ 3 公里	2.10 澳元	
	3 ～ 8 公里	3.50 澳元	

预订 ❀ 机票

选择航空公司

在澳大利亚游玩的机票分为中国和澳大利亚之间往返的机票、澳大利亚境内各城市之间的机票。如果想要订到优惠的机票，至少提前 1 个月左右预订，提前 3 个月预订，则能够享受较多的优惠。如果要预订澳大利亚境内城市间的机票，可以在澳大利亚的航空公司官网上预订，要注意，网上订票时使用的证件号码是护照号，应用英文填写姓名等信息。

可预订澳大利亚境内机票的航空公司资讯

航空公司	订票地址	订票电话	网址
澳大利亚航空（Qantas Airlines）	北京市朝阳区建国门外大街乙12号双子座大厦西塔10层	在中国大陆拨打：400-6379158（中文）400-6085188（国际票）	www.qantas.com.au
国泰航空（Cathay Pacific Airways Limited）	北京市朝阳区建国门外大街乙12号双子座大厦东塔28层	国泰航空客服电话：800-1521888	www.cathaypacific.com
	上海市黄浦区淮海中路138号上海广场21层2104、28层2804		
	广州市花都区白云国际机场	400-8886628	
中国国际航空（Air China Limited）	在大多数机票代售点都可以购买该公司的机票	中国国际航空客服电话：95583	www.airchina.com.cn
中国南方航空（China Southern Airlines Company Limited）	在大多数机票代售点都可以购买该公司的机票	95539	www.csair.cn
维珍航空（Virgin Atlantic Airways）	上海市外滩中山1路12号221室20002	021-53534600/1	www.virgin-atlantic.com
新加坡航空（Singapore Airlines）	北京市朝阳区东三环中路乙10号艾维克大厦8层	010-56215111、021-34064888（国际票）	www.singap-oreair.com

机票预订网站

机票预订网站推荐

名称	概况	网址
Oantas	国际机票专门预订网站，航班信息较为全面，能根据你的需求提供合适的航班	www.qantas.com
携程网	国内较好的订票网站，并且能提供一系列的旅游信息	www.ctrip.com
去哪儿网	提供各类机票与旅行团购票，能给你的旅行带来极大的便捷	flight.qunar.com
途牛网	提供飞机票的订购，信息齐全，数量众多，能满足各种订票需求	www.tuniu.com

预订 ✿ 酒店

澳大利亚的住宿地种类很多，上至高档酒店下至青年旅舍应有尽有。可以根据自己的需求来预订酒店。一般而言，酒店的住宿费用较高，在悉尼等大城市，每晚需要200澳元以上，布里斯班等中小城市，每晚需要150澳元以上；而短租公寓和家庭旅馆的费用较低，每晚60澳元即可，还能享受较大的活动空间，以及自备餐饮的厨房等便利条件。

■ 家庭旅馆 ■

家庭旅馆在澳大利亚是非常受欢迎的住宿类型，很多由当地人把自己的家装修而成，布置都非常温馨，非常有家的感觉。如果入住华人经营的家庭旅馆，则会感觉更加亲切。当然带有厨房的旅店，在用完餐具后都需要进行清理。有些家庭旅馆提供付费的机场接送和早餐等。家庭旅馆的房间通常比较少，建议提前1个月左右预订。游客可以在各类代理网站上寻找适合自己的家庭旅馆。这些网站多为中文网，在网站上选择时，建议找评价比较多、比较好的房子，不要被低价所吸引，还要注意房主的介绍和要求，以确定是否适合自己。

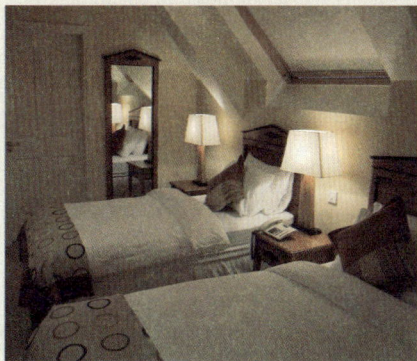

■ 短租公寓 ■

短租公寓内设施齐全，有完备的家具、电器与生活用品，还有客厅、厨房，让人有居家的感觉。而这些短期公寓提供的住宿时间为1天至1年。短租公寓最好的地方在于，所在地交通方便，租金实惠，周边生活设施齐全。

✕✕✕✕✕✕ 短租公寓预订网站推荐 ✕✕✕✕✕✕

名称	概况	网址
转租网（sublet）	在全球拥有3万租房房源，提供公寓、住宅、宿舍房出租度假、联排别墅、移动房屋等各种类型的租赁。可带宠物，住宿环境优质、经济	www.sublet.com
背包客栈	汇集了悉尼出租公寓，从简易型到豪华型都有	www.backpackers.com.tw
空中食客（Airbnb）	一家联系游客和房主的服务型网站，可提供各式各样的住宿信息，同时是旅行房屋租赁社区	zh.airbnb.com
住百家－国际短租公寓预订	在悉尼出租的公寓及旅馆，没有要求最低住宿的天数	www.zhubaijia.com

酒店

　　如果在旅游旺季，酒店容易出现无房的情况，如果能提前预订的话则会好很多。并且在网上预订还可以提前了解酒店的情况，根据自己的行程安排来选择合适的酒店。

✕✕✕✕✕✕ 酒店预订网站推荐 ✕✕✕✕✕✕

名称	概况	网址
缤客网	大量的酒店供你选择，种类丰富，范围涉及澳大利亚全境	www.booking.com
蚂蜂窝	除了提供酒店的信息外，还可以了解酒店周围的景点详情	www.mafengwo.cn
好订网	大量的酒店住房以及中肯的酒店评价，能帮助你选择最合适的住所	www.hotels.cn
有鱼订房	提供澳大利亚景点周边的酒店信息，非常全面	www.youyudf.com

软件 下载

现如今，手机、平板电脑等已经成为游客出行常用的工具。在游玩期间，如果能有一个软件可以拍照翻译、有一个软件提供导航、有一个软件提供攻略查询等，那么出行将会更加顺利。在准备去澳大利亚前，下载一些有关澳大利亚旅行的 APP 软件非常有必要，这已经成为很多出境游游客的习惯。在苹果手机的 iTunes 商店以及安卓手机的 Android Market 中，都可以下载到有关澳大利亚旅行的 APP 应用。

十六番

十六番是一个旅行者们交流的社区，大家相互提供旅行经验，分享旅行见闻和乐趣，还能及时了解十六番折扣信息，随时随地观看十六番出境游攻略，找到有用的信息，给出行带来极大的方便。最重要的是，可以手机提问，番友以及版主都会回复你。

大小：8.4MB

官方下载地址：

澳大利亚旅游大全

澳大利亚旅游大全独家收录了 200 多个著名旅游城市和目的地，5000 多个美景、美食、购物、娱乐地点，包含其地址、电话、价格、开放时间、交通、简介等资讯。实时定位推荐周边地点，不仅提供本城市游玩出行时的玩乐向导，让你轻松快乐地成为澳大利亚玩乐达人。

大小：33.8MB

支持：苹果系统

售价：30 元

下载地址

澳洲旅游

澳洲旅游内有许多当地景点的介绍和当地游、景点门票、邮轮、接送机、境外 WIFI、电话卡等自由行产品，而且还会有许多优惠提供，包含吃、喝、玩、乐、行等各项攻略，非常实用的一款软件。

大小：13.4MB

支持：苹果手机系统和安卓手机系统

安卓手机下载

苹果手机下载

猫途鹰

猫途鹰是一个提供酒店比价和折扣、景点、餐厅点评、旅游攻略的旅游综合平台。在手机应用商店搜索关键词"猫途鹰"，既可下载，也可直接扫描到二维码进行下载。

支持：iPhone 手机、iPad；安卓手机

下载地址

谷歌翻译

谷歌翻译（Google Translate）可以翻译 60 多种语言的字词和短语。对于大多数语言，可以直接读出短语，然后便可听到相应的语音翻译。只需把要去的国家的翻译结果加上星标，这样即使在离线状态下 也能查询历史翻译结果。

大小：3.4MB

支 持：iPhone 手 机、iPad、iPod Touch；安卓手机

苹果版下载地址

安卓下载地址

Read for Me!

出国旅行时，识别路牌、菜单、打折信息等，总是不小的难题。可能连打字都无从下手，更别提翻译。现在有一款流行于欧美的革命性手机应用Read for Me！其可在拍摄照片后，直接翻译上面的文字。该软件能识别30种文字，并能翻译成 36 种语言，还提供 18 种语言的发音功能，快点下载吧！

大小：8.0MB

支持：iPhone 手机、安卓手机

苹果版下载地址

安卓下载地址

购买 ✤ 出行保险

去澳大利亚旅行，在尽兴游览、体验新鲜之外，也面临着很多难以预测的风险。如果购买境外旅游意外险，将能很好地规避风险，使得行程无忧。购买保险一定要在出行前购买，并且确保投保的各项条例都被考虑清楚。境外游的保险条例应当包括紧急情况下的医疗费用（包括住院费用）、紧急回国的机票退款、行李丢失、取消行程、租住家庭旅馆或者公寓的附带险种（水、火、电、失窃等）、驾驶保险、人身意外伤害险等。

■ 可靠的保险公司

国内有不少可靠的保险公司，游客可以通过这些保险公司的导购网站投保，也可以到保险公司的门市部投保。你应当根据自己的需求来选择合适的境外旅游保险。平安保险、中国人寿保险、太平洋保险、泰康人寿保险等都是值得信赖的保险公司。不过，无论选择何家保险公司，一定要选择适合自己境外旅行的险种，通常境外保险系列的保障范围最全，提供此类保险的公司有平安保险、太平洋保险等。

常用保险公司信息	
网站名	**网址**
平安人寿保险	www.life.pingan.com
中国人寿保险	www.e-chinalife.com
太平洋保险	www.ecpic.com.cn
泰康人寿保险	www.taikang.com

入境 ❀ 澳大利亚

　　游客由国际型机场入境，是进入澳大利亚边境的主要方式，下了飞机，怎样能顺利地通过安全检查、海关检查等，是很多人关心的问题。谁也不希望在到了澳大利亚机场后被拒绝入境，因此，掌握一定的入境方法非常有必要。

■ 入境流程

·填写出入境卡及海关申报单·

　　当飞机快要到达目的地时，游客需要填写入境卡，需要注意的是入境卡上的签名要同你护照上的签名一致。澳大利亚境内的住址填写你预订的酒店地址，如果你住在亲友家中，填写亲友家的地址；在入境卡的右侧为海关申报单，如有需申报的物品，需在卡上"YES"一栏打上钩。

·入境检查·

　　主要是由移民局的官员检查护照、签证和入境卡，并询问一些简单的问题，如果不懂或略懂英文但无法准确表达自己的意思，可请求提供翻译服务。最好不要猜谜似的回答问题，以免造成意外的误会。当检查人员在你的护照上盖上入境章时，就表示核准入境了。

·领取行李·

　　在领取托运的行李时，要核实自己行李上的记号，以免拿错。如果行李有损坏或未到的情况，不用着急，可直接联络机场行李处。

·海关验关·

　　海关检查人员收取海关申报单，行李中没有违禁品可直接出关；行李中有相关物品且填写了，需要等待检查和处理；行李中有相关物品且未填，处罚是非常严厉的。出海关后，你才正式到达澳大利亚，便可以开始美妙的澳大利亚之旅了。

从澳大利亚 ❀ 离境

　　和入境手续相比，离境手续要简单得多。不过还是要提前 2 小时到达机场，这样能够轻松办理各项手续，不至于丢三落四。到达机场后，先找到搭乘航班的服务台，或者自助取票柜台，领取登机牌。领到登机牌并选择好座位号后，通常就知道登机口是多少号了。此时，你要检查航空公司工作人员是否已经将你的离境卡取下，因为澳大利亚离境不盖离境章，不取下离境卡将不能证明你已经按期离境。然后，再询问工作人员怎样前往登机处，再托运行李、进行安检、等待登机。

出境流程

·前往机场·

　　有些航空公司会要求乘客在离境前的 72 小时内，再次确认预约的机票。即使离境前 72 小时内已经确认了航班信息和机票信息，建议在去机场之前再打一遍确认一下，或是可以向航空公司服务处询问你到达机场办理登机手续的最佳时间，以便留出充足的时间到达机场。如果你不知道怎么去机场，可以向航空公司服务处询问怎么乘坐机场巴士或公共汽车到机场。在去机场之前要确保你带齐了护照、签证等证件。

·离境流程·

1. 到达机场
最好在起飞时间前 2 小时到达机场，以防意外。

2. 换登机牌
拿着机票、护照到指定柜台（一般候机厅进门就可见航班信息大屏幕，上有对应航班的柜台编号）交给工作人员。

3. 托运行李及办理出境手续
到指定地点办退税；大件行李要托运；如果超大需要额外付费；记得买份意外保险。

4. 安全检查
需要提供 3 样物品：护照、机票、登机牌。随身的手提包里不能有刀具、危险品等，甚至连水、肉类等也不能携带。

5. 登机
在指定的登机口登机，如果喜欢坐在窗边，可以在换登机牌时就提出；乘坐时间较长，可以将自己平时休闲用的物品放在手提包内。

·托行行李·

考虑行李规格和重量
大多数航空公司会对乘客携带的行李有一定的限制，不管是行李的重量还是行李的尺寸都有限制。因此在出发去机场之前，最好打电话给航空公司询问行李的最大规格和重量。旅客一般允许携带两件行李，每件行李都要符合该航空公司对尺寸和重量限制的规定。如果你带了很多件行李或有行李超出了重量限度，你就得支付超重行李费。你可以向所要搭乘航班的机场工作人员询问其行李重量限度和超重行李收费标准。

在行李上标明个人信息
在托运行李时，需要确保每件行李上都标明了你的姓名、家里的地址、电话。此外，还要用足够牢固的行李号码牌和标签，为保险起见，你还可以在行李箱里面也放上身份号码牌。

行李丢失
如果你的行李中有特别贵重的物品，为保险起见，你可以在机场或旅

行社为行李购买一份行李保险。这样你有行李丢失的话，就可以立即在机场填写索赔文件。你最好也要写上帮助你处理这件事的人的名字，以及能够与他取得联系的地址和电话号码。航空公司通常会尽力帮你找到行李，然后把它送到你的住处。如果在一段时间后还是找不到的话，航空公司会和你协商来赔偿你的损失。

·邮寄·

从澳大利亚邮寄个人物品回国通常有两种方式，一种是直接邮寄，一种是委托物流公司邮寄。在直接邮寄的情况下，个人物品在一定范围内（按中国海关规定，此范围是应征进口税，税额不超过人民币 50 元的情况）可以免税，但是超过一定范围需要办理相关手续，这些手续包括提供繁琐的证件材料证明及缴纳高额的关税。如果要邮寄的物品比较多，建议委托物流公司，如果只是邮寄明信片、少量的行李物品，通常直接到邮局办理即可。

澳大利亚邮局

澳大利亚邮局在其主要城市市中心地区都会有很多家，另外每个郊区的中心街道和一些旅游小镇上也都可以找到。邮筒的分布则更加广泛，分为红色和黄色，平邮信件（包括明信片）无论国内或国际都投入红色邮筒，黄色邮筒的是快递专用。澳洲本土邮寄明信片的价格是 0.6 澳元，而邮寄回中国的价格是 1.85 澳元。

网址：www.auspost.com.au

营业时间：周一至周五 09:00 ～ 17:00

·退税不能忘·

游客退税服务中心由澳大利亚海关服务部门负责，位于出发大厅楼层的悉尼免税商店内，通过海关后可以前往。

退税需满足以下条件：

1. 在同一家商店购买超过 300 澳元的商品，并且持有单一收据。

2. 离境前 30 日之内购买的商品。

3. 随时携带购买的商品登机，向 TRS 中心出示购买的商品及其收据，以及护照和登记卡。

4. 航班起飞前 30 分钟之内不能再申请退税。

适应澳大利亚 ✿ 时间

由于澳大利亚的时间比中国的北京时间早 2 小时，所以到达澳大利亚后不用倒时差也可以轻松游玩。但仍需将时间调快 2 小时。

电话与 ❀ 网络

在澳大利亚如何打电话

到了澳大利亚之后，怎样给国内亲戚打电话报平安、如何在澳大利亚境内拨打电话预订各项事宜，都是很多出国游玩的朋友困惑的事情。

·如何开通国际漫游·

移动卡业主拨打 10086，按照语音提示操作、开通国际漫游服务，也可以直接找人工服务，由其协助开通。联通用户拨打 10010，电信用户拨打 10000。

国际漫游资费详情（单位：元／分钟）						
运营商	拨打澳大利亚本地电话	拨打中国大陆电话	在澳大利亚接听电话	发中国大陆短信	客服电话	网址
中国移动	0.99	2.99	1.99	0.39 元／条	10086	www.10086.com
中国联通	2.86	6.86	2.86	1.26 元／条	10010	www.10010.com
中国电信	2.99	1.99	1.99	1.29 元／条	10000	www.man-you.189.cn

·怎样在澳大利亚办电话卡·

在街头的便利店和电话卡零售店都可以办到澳大利亚当地的电话卡。主要推荐 2 种从澳大利亚打往大陆地区便宜的电话卡：Green Card 和 Good Morning China Card。这两种卡的面值分别为 10 澳元、20 澳元、50 澳元不等。10 澳元的卡，一般二者都可以打 250 分钟以上的时间。由衷的建议游客买 Green Card，因为后者在澳大利亚晚间的时候线路很忙，经常打不通，而且音质较差。如果打市内电话，推荐大家买 Optus 和 Telstra 电话卡，在机场和各种小的便利店均可买到。

·拨打公共电话·

澳大利亚的长途电话和市内电话都可以在公共电话亭拨挂,市内电话每次0.4澳元,不限时,长途电话按时间收费,打完后剩余的钱将会被自动退出来。公共电话可以投币,使用电话卡或者信用卡,但是不接收纸币。如果本市电话是以1300 开头的是商业电话号码,按时间收费,1800 是免费电话。

·拨打电话方法必知·

从澳大利亚拨打中国座机:0011+86(中国国际电话代码)+ 城市区号(去掉首位0)+ 座机号码。

从澳大利亚拨打中国手机:0011+86+ 手机号码。

从中国拨打澳大利亚手机:00+61(澳大利亚国际电话代码)+ 手机号码。

从中国拨打澳大利亚座机:00+61+ 城市区号(去掉首位0)+ 座机号码。

澳大利亚的网络

在澳大利亚有不少的免费 Wi-Fi,其中以悉尼和墨尔本最多,在公园、大学、场馆等地有,像皇家植物园、邦迪海滩等。另外,麦当劳也会提供免费 Wi-Fi,如果继续网络,不妨到麦当劳坐一会。但是在澳大利亚的宾馆、饭店一般是不提供免费 Wi-Fi 的,需要花钱购买流量,价格每一家也不同,但费用都不会太低。澳大利亚的网络费用相较于国内略高,但速度也会快一些,不过若与网络水平较高的地方相比还是略有差距。如果在澳洲旅行的话,4G 网络覆盖面广,网速快,非常方便。由于澳大利亚社交软件免流量、租借或购买的影视作品下载不需要流量等原因,对流量的需求并不算高,当地人一般 1G 流量一个月就非常够用。

目前,澳大利亚 4G 网络的格局是由 Telstra 澳大利亚电信、Optus 和沃达丰三家占据主要份额,Telstra 是澳大利亚最大的运营商,覆盖面很广,网速也是最快的,并且在全国范围内有许多的免费 WiFi。Optus 卡对于上网来说还是很方便的,在机场或者市区的 7-11 便利店可以购买 2 澳元一天的上网卡,一天 500MB 的流量。

除了在澳大利亚购买上网卡外,在国内租一个无限流量 Wi-Fi 设备也是一个不错的选择,穷游网便有租售,在交完 500 块钱的押金后,便可以 33 元每天的价格租用,用 4G 的网速每天可以使用 500MB 的流量,但超出 500MB 后网速变会降为 256kbps,对于流量使用量非常大的游客这个便很合适。

应急 ❀ 知识

在外游玩，难免遇到一些意外事件，虽然我们都希望万事顺利，但是万一事情发生了，也要能快速地想出解决办法。下面的内容可以帮你们在遇到意外事情时，快速找到解决办法，安然度险。

紧急情况及处理方法

·证件丢失·

确保出行前就将重要的证件（护照、签证、户口、身份证、驾照等）进行了复印备份（最好能在复印件的证件上面标明该复印件只用于补发证件的，并签名，签字适当盖住证件上的一些图文）。到了当地，如果护照丢失，就应该立即去附近的警察局挂失，索取报案证明书，证明书包括报案的编号、地点、遗失者的姓名、挂失物品等。报案后，应该立即向当地中国大使馆或总领事馆报告，并按要求申请补发护照。

中国驻澳大利亚使领馆信息			
使领馆名称	地址	交通	电话
中国驻澳大利亚大使馆	15 Coronation Drive, Yarralumla	乘 100 路、111 路、161 路、312 路公交车到 Commonwealth Av Albert Hall 下即可	02–62283999
中国驻悉尼总领事馆	39 Dunblane St., Camperdown	乘 412 路、413 路、439 路、480 路、N50 路公交车到 Parramatta Rd Near Larkin St 下即可	02–85958002
中国驻墨尔本总领事馆	75–77 Irving Rd., Toorak	乘 8 路有轨电车到 Irving Rd./Toorak Rd 下即可	03–98220604
中国驻布里斯班总领事馆	Level 9,79 Adelaide St., Brisbane	乘城市火车到中央火车站或罗马街火车站下，然后步行前往	07–32106509
中国驻珀斯总领事馆	45 Brown St., East Perth	乘 92 路公交车到 Royal St Royal Square Yellow Cat 4 下，然后步行前往	08–92218933

·贵重物品丢失·

在澳大利亚旅行时，随身携带的现金不宜太多，在购物、用餐时都可以用信用卡、银行卡或旅行支票结算。游客最好将信用卡、银行卡的卡号，旅行支票的支票号码记下来，有些贵重物品可以放在酒店的保险箱内。如果信用卡或银行卡丢失，要立即打电话给发卡银行挂失，然后申请补办。若旅行支票丢失，只要支票的复签栏没有签名的话，丢失也不会有太大的影响，不过事先要把支票的号码记下来，可以方便补办和申请赔偿。

·机票丢失怎么办·

丢失机票，一般分为以下2种情况：一种是如果能确认丢失机票的详细情况，则可以重新签发；二是购买待用机票，并且在一定时段内没有不正当使用丢失的机票，如果情况属实，则可以申请退款。如果不知道机票的详细情况，可以亲自和购买机票的中国公司驻澳大利亚办事处联系，查询详情。

·迷路了怎么办·

在外旅行，拿一份地图非常有必要，地图可以在机场的游客协助处或城市的游客信息中心领取，也可以在商店购买。游玩时，如果发现自己迷路了，最好的办法是找警察问路。如果旁边没有警察，则可以礼貌的询问路旁的商家。如果是去野外旅游，带上指南针很有必要。没有指南针，可借助野外知识和一些标志性建筑明确方向，如太阳、植被等；实在自己找不到道路，可以打电话给警察求助，待在原地耐心等待。如果自驾车迷路，可以借助车上的GPS或手机地图来找路，若是没有导航，那就到最近的加油站、商店问问。

澳大利亚应急常用电话		
部门		**电话号码**
救护车、火警、警察（24小时）		000
口笔译服务（免费、保密、24小时）		131450
医疗健康传译服务	中悉尼（包括悉尼中部、东南部）	02－95153222
	北悉尼	02－99267560
	西南悉尼	02－98286807
	西悉尼	02－98403456

生病了怎么办

在旅行途中，因为种种原因会遇到水土不服等各种生病的麻烦，因此要事先掌握一些急救的措施和手段以避免不好的情况发生。

为应对身体不适，在旅途中最好带点常备药品，如感冒药、消炎药、止痛药以及创可贴、风油精、体温表等，可根据自身情况带足备用药。

✕✕✕✕ 澳大利亚主要旅游城市的医院相关信息 ✕✕✕✕

城市	医院名称	地址	电话	网址
墨尔本	彼得·麦卡勒姆癌症中心(Peter MacCallum Cancer Centre)	7 St. Andrews Pl,Melbourne	03-96561111	www.petermac.org
	阿尔弗雷德医院(Alfred Hospital)	55 Commercial Rd.,Melbourne	03-90762000	www.alfred.org.au
悉尼	圣路加医院(Saint Luke's Hospital)	18 Roslyn St., Potts Point	02-93560200	www.slc.org.au
	悉尼医院和悉尼眼科医院(Sydney Hospital & Sydney Eye Hospital)	8 Macquarie St., Sydney	02-93827111	www.seslhd.health.nsw.gov.au
珀斯	珀斯皇家医院(Royal Perth Hospital)	197 Wellington St., Perth	08-92242244	www.rph.wa.gov.au
	珀斯皇家医院(Royal Perth Hospital)	76 South Terrace, Perth	08-93670222	www.sph.org.au

✕✕✕✕ 旅途必备的常用药 ✕✕✕✕

功能	药品
治疗外伤的药物	酒精棉、纱布、创可贴、紫药水等
治疗发热、感冒、咳嗽和化痰药物	感冒冲剂、板蓝根、退热药、复方阿司匹林等
必要的消炎药物	阿莫西林、阿奇霉素
治疗便秘的药物	杜秘克、开塞露
治疗腹泻的药物	多粘菌素、力百汀以及治疗脱水的口服补液盐
肠胃药	藿香正气液、保济口服液、复方胃舒平等
过敏药	氯苯那敏
晕车药	苯海拉明、茶苯海明

附录

澳大利亚 ✿ 行政区划

　　澳大利亚全国划分为 6 个州和 2 个地区。6 个州分别为新南威尔士、维多利亚、昆士兰、南澳大利亚、西澳大利亚、塔斯马尼亚；2 个地区是首都直辖区、北部地区。

澳大利亚行政区划	
区域名称	主要城市
新南威尔士	悉尼、纽卡斯尔
维多利亚	墨尔本、吉朗
昆士兰	布里斯班、凯恩斯、黄金海岸
南澳大利亚	阿德莱德
西澳大利亚	珀斯
塔斯马尼亚	霍巴特
首都直辖区	堪培拉
北部地区	达尔文

澳大利亚 ✿ 驻中国使领馆

澳大利亚驻中国使领馆信息

名称	地址	电话	网址
澳大利亚驻华大使馆	北京市朝阳区东直门外大街 21 号	010－5140 4111	www.china.embassy.gov.au
澳大利亚驻上海总领事馆	上海市静安区南京西路 1168 号中信泰富广场 22 楼	021－2215 5200	www.shanghai.china.embassy.gov.au
澳大利亚驻广州总领事馆	广州市珠江新城临江大道 3 号发展中心 12 楼	020－3814 0111	www.guangzhou.china.embassy.gov.au
澳大利亚驻香港总领事馆	香港特别行政区湾仔港湾道 25 号海港中心 23 楼	00852－2827 8881	www.hongkong.china.embassy.gov.au

澳大利亚 ✿ 世界遗产

澳大利亚世界遗产信息

名称	评定年份	类型
大堡礁 (Great Barrier Reef)	1981 年	世界自然遗产
卡卡杜国家公园 (Kakadu National Park)	1981 年，1987 年、1992 年扩展范围	世界文化自然双重遗产
威兰德拉湖区 (Willandra Lakes Region)	1981 年	世界文化自然双重遗产
豪勋爵群岛 (Lord Howe Island Group)	1982 年	世界自然遗产
塔斯马尼亚荒原 (Tasmanian Wilderness)	1982 年	世界文化自然双重遗产
澳大利亚冈瓦纳雨林 (Gondwana Rainforests of Australia)	1986 年	世界自然遗产
乌卢鲁－卡塔曲塔国家公园 (Uluru–Kata Tjuta National Park)	1987 年	世界文化自然双重遗产
昆士兰湿热带地区 (Wet Tropics of Queensland)	1988 年	世界自然遗产
西澳大利亚鲨鱼湾 (Shark Bay, Western Australia)	1991 年	世界自然遗产

名称	评定年份	类型
弗雷泽岛 (Fraser Island)	1992 年	世界自然遗产
澳大利亚哺乳动物化石遗址 (Australian Fossil Mammal Sites)	1994 年	世界自然遗产
赫德岛和麦克唐纳群岛 (Heard and McDonald Islands)	1997 年	世界自然遗产
麦夸里岛 (Macquarie Island)	1997 年	世界自然遗产
大蓝山山脉地区 (Greater Blue Mountains Area)	2000 年	世界自然遗产
波奴鲁鲁国家公园 (Purnululu National Park)	2003 年	世界自然遗产
皇家展览馆和卡尔顿园林 (Royal Exhibition Building and Carlton Gardens)	2004 年	世界文化遗产
悉尼歌剧院 (Sydney Opera House)	2007 年	世界文化遗产
澳大利亚罪犯流放地遗址 (Australian Convict Sites)	2010 年	世界文化遗产
宁格罗海岸 (Ningaloo Coast)	2011 年	世界自然遗产